© Literaturverlag Droschl Graz – Wien 2023

Gefördert von der Kulturabteilung der Stadt Wien, Literatur

Umschlag: & Co www.und-co.at
Satz: AD
Druck: Florjančič

ISBN 978-3-99059-125-3

Literaturverlag Droschl Stenggstraße 33 A-8043 Graz
www.droschl.com

Thomas Stangl

Diverse Wunder
Ein paar Handvoll sehr kurzer Geschichten

Literaturverlag Droschl

Prolog

Manchmal wird mir klar, dass das, wovon ich schreiben will, alle anderen schon seit jeher wissen. Jeder Baum weiß es, jeder Baum in der Dämmerung, und Baum für Baum, die sich den Abhang hinab vom Haus zum See aneinanderreihen. Jeder Fisch und jeder Vogel weiß es und der See mit seiner unbewegt im schwachen Licht spiegelnden Oberfläche. In jedem schlechten oder wunderbaren Gedicht oder Roman, in jedem Lächeln und jeder Berührung ist es zu lesen. Niemand hat je etwas anderes gesagt, seit ein paar tausend Jahren, aber ich habe es erst jetzt begriffen oder bin erst jetzt dabei, es zu begreifen. Und muss nichts anderes tun, als den Stoff, den ich vor mir habe, zu reinigen. Alles abzuschaben, was überflüssig ist.

Bis jeder Satz nur noch das bestätigt, was alle wissen, Baum und See und Haus, Gedicht und Roman nicht mehr da sind, der Körper, der ihnen Ruhe gab, das Glitzern und Blühen, das Lächeln und die Berührung. Bis nur noch dasteht, was alle wissen oder gewusst haben; aber an einem Ort, den es bisher nicht gab.

Es ist kein Verdienst, diesen Ort erfunden zu haben, zufällig bewohne ich diesen Ort.

An diesem Ort eins

An diesem Ort wohnt ein kleiner Fisch, aus roten, weißen und schwarzen leuchtenden Steinchen zusammengesetzt. Kein Christenfisch, sondern ein altes, heidnisches, völlig unsymbolisches Fischchen.

Auch wenn sonst wenig übrig ist, die meisten Mauern eingestürzt sind, die Wände abgekratzt, dieser Fisch ist da, wohnt auf einer ausgetrockneten Mauer, in den Ruinen, und sucht die Blicke der Besucher, wenn es denn Besucher gibt.

Ein Fisch

Ein Fisch interessiert sich für nichts. Ein Fisch frisst seine Kinder, wenn das, was ihm entgegenschwimmt, zufällig seine Kinder sind. Ein Fisch ist reines Erstaunen. Wir alle essen gerne Fische, noch lieber als Huhn, denn vor den Hühnern schämen wir uns irgendwie.

Die Ordnung des Bewusstseins (»Koje«)

Wir sind auf Reisen und gezwungen, einen Arzt aufzusuchen. Die Ambulanz oder Arztpraxis befindet sich im zweiten Stockwerk eines leicht bröckligen Gebäudes in der Innenstadt. Die Warteräume sind überraschend geräumig und gleichen der verwinkelten Umkleide eines alten Schwimmbads, mit Gängen und Nischen und mit schmalen Sitzbänken vor hohen Spinden oder Wandverkleidungen aus locker aneinandergeschraubten Holzbohlen. Ich bilde mir ein, man könne, sobald man aufgerufen wird, von beiden Seiten her ins Ärztezimmer (die »Koje«) eintreten, und wandere also sozusagen sorglos die Gänge entlang um die »Koje« herum. Dort auf der anderen Seite spricht mich von einer gegenüberliegenden Nische aus ein schon seit längerer Zeit hier wartender Mann an. Er ist etwas älter als ich, ein Einheimischer im Trainingsanzug, mit verschattetem Gesicht, er redet sehr leise. Fast so leise wie ich selbst.

– Ich muss Ihnen etwas gestehen, sagt er. Seit einiger Zeit plane ich jede Nacht vor dem Einschlafen minutiös, was ich träumen werde.

Er redet so, als wäre ich ein Arzt oder Therapeut und nicht selbst Patient; immerhin bin ich ein Fremder, also seines gleichgültigen Vertrauens wert, meine Begleiter haben mich in diese Ambulanz oder Arztpraxis gebracht, allein hätte ich kaum hergefunden.

– Das ist faszinierend, sage ich, ganz ehrlich. Und Sie planen wirklich jedes einzelne Detail?

Der Mann nickt missmutig.

– Darf ich fragen, was Sie von Beruf sind?

Ich nehme an, er müsste ein Ingenieur sein oder ein Architekt. Er versteht meine Frage nicht gleich, und als ich sie wiederhole, ist es, als würde sie ihm etwas ungehörig erscheinen. Als würde ich mich seines Vertrauens nicht würdig erweisen; seine Fähigkeit als kuriosen Spleen abtun wollen. Mir erscheint die Frage in der Wiederholung selbst etwas ungehörig.

Er flüstert nur, mit einem minimalen Achselzucken:

– Ein Job … Schriftsteller.

Wir schweigen betreten, was sollten wir auch noch sagen. Ich bin an einen Schriftsteller geraten (auch wenn er nichts dafür kann). Ich bin an einen Schriftsteller geraten und trete in seinem Traum auf (auch wenn er nichts dafür kann). Er muss seinen Job tun, und ich mit meiner Begriffsstutzigkeit bin nun beinah im Weg. Ich habe etwas Angst, ich könnte von dem Ort aus, an dem ich mich befinde, überhören, wenn ich endlich aufgerufen werde. Ich habe etwas Angst, weil meine Begleiter sich anderswo in diesem Wartesaal, diesen Umkleideräumen befinden und sie mich vielleicht vergessen oder schon längst vergessen haben, wie viel Zeit mag inzwischen vergangen sein.

Ich würde mir wünschen, die »Koje«, die innerste Kammer dieses Gebäudes könnte wirklich einem Schwimmbad gleichen, ich stelle mir das grünliche klare Wasser, den Chlorgeruch vor, das Licht, das bis zur Decke hin die sanfte Wellenbewegung aufnimmt und wiedergibt. Ich stelle mir vor, die Decke wäre aus Glas. Ich nehme mir vor, dem Arzt oder den Ärzten alle Symptome meiner Krankheit, noch die peinlichsten Details genau zu schildern. Ich sage mir die Sätze vor. Satz für Satz, als ginge es um mein Leben. Satz für Satz, als wären es meine eigenen Sätze.

Wo ist die Tür zum Ärztezimmer, wo ist der andere Mann, dieser Schriftsteller (er kann nichts dafür), wo sind die Spinde und Bänke, meine Kleider, draußen die fremde Stadt und die Gebirge rundum, und ihr, meine Begleiter, wo seid ihr.

Alle Einzelheiten dieses Raums sind verloren.

Dichtung

Sie schreibt, *die langen Röhren meiner Schenkelknochen, aus denen ich ein Gedicht ziehe.* Sie greift unter ihre Röcke und in ihr Fleisch und zieht ein Gedicht hervor. Sie wirft das Gedicht ins Feuer, weil es nichts taugt, und lacht.

Dieses Lachen zieht uns die Haut zwischen den Schulterblättern zusammen. Wir krümmen uns unwillkürlich und unsere Köpfe sinken in den Nacken.

Die Katze

Es ist etwas unangenehm, dass im Garten ein älterer Herr herumschleicht, der so tut, als wäre er eine Katze, oder der glaubt, er sei eine Katze. Ich habe im Haus zu tun und will dabei nicht gesehen werden, doch da die Fenster offen stehen, bekomme ich immer wieder diesen älteren Herrn in den Blick. Er trägt schwarze Socken, eine Unterhose und ein senfgelbes Hemd (ohne Krawatte und mit geöffnetem Kragenknopf). Sein Haar ist grau und gut gepflegt. Sicherlich ist er ein Bank- oder Ministerialbeamter oder ein leitender Angestellter; ich stelle ihn mir an seinem Schreibtisch vor; ich stelle mir vor, was seine Kunden und Untergebenen sagen würden, wenn sie wüssten, wie er seine Wochenenden verbringt. Manchmal verschwindet er fast im hohen Gras. Manchmal setzt er zum Sprung an, er streckt seinen Hals vor und schaut konzentriert auf irgendetwas, das er in einem Gebüsch entdeckt haben mag. Dann sieht er mich an und winkt mich herbei, so als wollte er mir einen Tipp geben. Zögerlich und unwillig gehe ich zum Fenster. Ich habe gewiss anderes zu tun. Ich werde ihm nicht verraten, was ich in diesem Haus, in dem ich, so wie er, fürs Wochenende zu Gast bin, vorhabe; ich werde mich nicht mit ihm gemein machen.

Venedig eins

Der Kunstmaler Wu Daozi (oder auch Wu Daoxian) malte Hunde und beeilte sich, sie zu signieren, bevor sie davonliefen. Dieser braungesprenkelte Köter mit dem großen braunen Fleck an der Flanke ist ihm besonders gut gelungen. Er trabt quer über den Markusplatz. Eine dicke Frau mit Brille kommt vorbei und starrt den Hund an, als wollte sie ihn stillstellen. Die Signatur ist nicht zu erkennen. Der Hund weicht langsam zurück. Sozusagen knurrend, aber das Knurren ist nicht zu hören. Die dicke Frau verschwindet hinter den Arkaden und der Hund mischt sich unter die Touristen. Möglicherweise handelte es sich um einen Spaniel, aber ich kenne mich mit Hunden nicht sehr gut aus. Überhaupt mit Tieren. Mit der Natur und so.

Lektion

In jeder Stadt nach der Ankunft in der Bahnhofsunterführung die falsche Richtung einschlagen und dort, auf der anderen Seite der Stadt, das Zentrum suchen und es auch finden.

Anne Carson: »Would that be like waking from a dream and finding yourself on the back side of your own mind?«

Sommer in Berlin

Eine dickliche blonde Frau im blauen T-Shirt steht im Autobus der Linie 200 an der Tür. Auf den Oberarm hat sie eine dünne blonde Frau im blauen Trägerkleid tätowiert, möglicherweise eine Japanerin mit gefärbten Haaren. Die dickliche blonde Frau schaut misstrauisch um sich; sie ist keine Japanerin, und ihre Haare sind nicht gefärbt.

Wir beobachten sie länger und warten ab. Die dünne Japanerin, die stillhält, die dickliche Frau, die an der Station Mollstraße sehr plötzlich, so als müsste sie flüchten, aus dem Bus steigt und gleich nicht mehr zu sehen ist.

Kunst

Wir fanden Zuflucht in einem weiten braunen Acker, der als »die Galerie« bezeichnet wurde. Unter einem Himmel wie ein Tischtuch lagen die schweren ovalen Steine, sie waren so groß wie ein Hühnerei, aber etwas schlanker, perfekt geformt. Man konnte die Steine brechen; im Innern stieß man unter einer Schicht von schwarzem Sand auf einen kleineren, sehr leichten eiförmigen Stein, der dem großen exakt gleichsah. Die Anweisung lautete: Der Betrachter muss ins Gravitationsfeld treten und *mit Gravitationskraft schreiben.*

Auffällig ist die Leere zwischen den Steinen. Anderen Raum (Atemluft) gibt es nicht.

Natur

Hier ist, als Beispiel für eine überwältigende Vegetation, eine überwältigende Vegetation verblieben.

Beamtenpflicht

Ich sah die Katze in weiten Sätzen im Zickzack hinunterlaufen, bis sie aus dem Bild verschwand. Ich zog mir eine Hose an und ging ihr nach, zum Gartenzaun, dann zögernd hinaus auf den Kiesweg, ein paar Schritte zum Ende der Siedlung (zum Glück war ich allein). Ich trug keine Krawatte. Ich hatte daran gedacht, Schuhe anzuziehen. Ich schaute der Katze nach, sie war sicher schon am Ziel, ich konnte ihren Weg erschnuppern, im Zickzack, Baum für Baum, die sich den Abhang hinab vom Haus zum See aneinanderreihen, dann der Wasserspiegel, still und ruhig, als wäre nichts darunter, keinerlei Tiefe, nichts und niemand, nur dieses wunderbare verlockende stille Blau zwischen den Bäumen.

Venedig zwei (Echoräume)

Der Neffe (an sich verlobt mit Tamara) war wild in die Akrobatin verliebt und wütend auf sie, weil sie ihm eigentlich nicht gefiel. Er schaute ihr vom Türstock her zu, er ging mit ihr in der Stadt spazieren, während Tamara im Palazzo des Onkels die Tage verschlief. Am Zattere und auf den Plätzen schlug die Akrobatin dann und wann ein Rad, und der Neffe nahm sich zusammen, um sie nicht anzubrüllen. Die Menschen wurden von Tag zu Tag kleiner und bedeutungsloser. Wissen, wie seicht das Wasser ist und darunter kein Bild. Wissen, wie dünn die Haut ist und darunter kein Bild. Die Haut, die sich als Bild über die Knochen spannt. Das Wasser, das den Grund der Kanäle verdeckt, mit seinem trägen bleiernen Glanz.

Tamara schleppte den Onkel, dem ein Speichelfaden aus dem Mund lief, auf die Toilette, stand ihm bei und schaute nachts mit ihm fern. Wenn der Onkel allein war, klopfte er ab und zu mit seinem Gehstock kräftig auf den Boden. Dann lauschte er lange und konzentriert.

Karriere

Ein Literaturbewerb, an dem ich auf irgendeine Art beteiligt bin. Offenbar erfolgreich (ich bekomme es nur aus zweiter Hand, durch die beiläufige Bemerkung einer Kritikerin, mit). Ich schließe daraus, dass ich irgendwann um 1909 wohl diesen Preis bekommen werde, dass meine Karriere aber mit dem Ersten Weltkrieg zu Ende sein wird.
(Im Herbst 2020 ist das ein logischer Gedanke.)
Ich bin froh, nicht zu wissen, was ich geschrieben haben werde. Ich bin froh, dass all das ohne meine Beteiligung vor sich geht.

Lager am Waldrand (Die Wahrheit)

Alina beugte sich zu mir.

– Wenn du die größeren Insekten isst, sagte sie, dann übernimmst du ihre ganze Schwere. Du musst sie natürlich als Ganzes essen, ihre Köpfe und Panzer, ihre Bäuche und Beine. Dann übernimmst du ihre ganze Schwere und Traurigkeit. Im ersten Moment schmeckt es nach reifen Früchten, ein wenig süßlich, nach überreifen Früchten. Aber dann – dann *weißt* du ...

Sie schaute mich an mit ungewöhnlich hellen und klaren Augen. Diesen strahlenden Augen, und ich wartete darauf, dass es endlich vorbeiginge.

Doch sie zeigte nach vorne, in Richtung des Waldes. Die Hunde schüttelten ihre wolligen Körper. Die hundegroßen Tiere, die uns vorangingen.

Ich will nicht wissen.

Tamara

Tamara war so durchscheinend geworden, dass der Parkettboden unter ihrem Körper zu sehen war. Der Parkettboden
im Abendlicht. Tamara in ihrer Schönheit. Außerdem Patricia. Über Patricia sprechen wir später, sobald uns der Radfahrer überholt hat. Dieser mit geradezu lächerlicher Vehemenz
in die Pedale tretende Radfahrer mit dem breiten Rücken und
den kräftigen Schenkeln, der sich seiner Sache so sicher ist.
Auch, was Patricia betrifft.

An diesem Ort zwei

Spätnachmittags, an einem heißen Sommertag, streifte ich durch das Ruinengelände, es waren nur wenige Touristen da. Nichts als Stein, holpriger Boden, Kieswege, vertrocknetes Gras, Mauern und Mauerreste, ein glühender Himmel, ein paar Treppen und Abhänge von Ebene zu Ebene, Eichen mit zerspaltenen Stämmen, Gewölbe, die wie die Knochen von Riesentieren aussehen, Zimmer, die noch erkennbar sind, Gebäude, die sich spiralförmig nach innen drehen, unter sandfarbenen, im weichen Abendlicht leuchtenden Türmen. Von einem Mosaik, das einst eine Palastwand bedeckte, ist nur ein unscheinbarer kleiner Rest übriggeblieben, dort schwimmt ein Fisch in der Luft, unterhalb der Kopfhöhe eines Menschen, ein glänzender schwarzer Stein formt das Auge.

Stein fügt sich zu Stein und formt diesen bunten kleinen Fisch, den die meisten der Besucher übersehen. Diese Gewölbe wie Schädelknochen, diese zerspaltenen Eichen, diese Sand- und Kieswege, all der Stein, die lebenden und sterblichen Vögel, die in den Büschen sitzen oder von Ast zu Ast fliegen (ich springe hoch), die neu gefüllten Wasserbecken mit den lebenden und sterblichen bunten Fischen darin, deinen Nachfahren, die weißen Statuen mit ihren leeren Augen, die Besucher mit ihren Fotokameras, in die der Himmel sein wechselndes Licht einprägt, für bald verlorene und gelöschte Bilder, auch der Himmel selbst, über die Jahre und Jahrhunderte hinweg, die Hitze oder der Nebel oder der Regen im Winter, all das ist nur wegen dir da, Fisch. Ich sagte ihm, all das ist nur wegen dir da, deiner sinnlosen Beharrlichkeit. Du stehst für nichts. Du bist reines Erstaunen.

Ja, es stimmt schon, ich sagte das ziemlich pathetisch.

Ich lief zurück ins Gelände, streunte noch etwas herum, bevor die Tore sich für die Nacht schlossen, jagte den Vögeln nach, die aufflatterten und mich zurückließen. Ich schnüffelte, schaute ins Wasserbecken und streckte eine Pfote hinein, ein gieriges Kitzeln in meinen Gliedern und meinem Gaumen. Dieses Glitschige. Dieses silbrige Glitzern. Diese knorpelige Schärfe im zarten Fleisch.

Vorgeschichte

Er sieht, dass sie ihr Telefon im Zug vergessen hat, springt auf und ruft ihr von der Tür aus nach. Sie hört ihn nicht. Er läuft aus dem Zug, ohne Mantel, ihr nach. Die Zugtüren schließen sich.

Die Frau hat im Zug, das Telefon auf dem Schoß und Kopfhörer im Ohr, an einem grauen Pullover gestrickt. Sie trägt dicke schwarze Strumpfhosen und darüber einen knallbunten kurzen Rock. Sie dreht sich um, mit großen Augen, und schaut den frierenden Mann mit ihrem Telefon in der Hand an, diesen Mann, der sie anstrahlt. Sein Gepäck, Jacke und Schal, sein Ausweis, sein eigenes Telefon mit allen Nummern, Adressen, Fotos und Erinnerungen werden hunderte Kilometer ohne ihn weiterreisen (er braucht sie nicht).

Er wird nach dem Aufstehen in der fremden Wohnung am nächsten Morgen in einen grauen Pullover schlüpfen, aber erst jetzt, als er in diesen fremden Pullover geschlüpft ist und nicht mehr zurück kann, ins Bett oder sonstwohin zurück, ist ihm ganz kalt, so als befände er sich im leeren Raum, draußen im Universum, an einem Ort, wo er noch niemals war.

Die Frau hat schon die Wohnung verlassen, sie arbeitet, er weiß nicht wo.

Er muss sich einen Namen aussuchen.

Abenteuerroman

Im Amulett an Sheilas Busen versteckt begleitete uns der Polizeibeamte, der uns im entscheidenden Moment zu Hilfe kommen würde.

Während wir voranritten, gab er von Zeit zu Zeit einen Kommentar von sich, aber Sheila und ich beachteten ihn nicht und führten unsere angeregte Unterhaltung fort.

Einmal klopfte der Polizist, beinahe hätten wir ihn überhört. Ich schaute auf; dann glitt ich vom Pferd und griff zu meiner Waffe. Sheila tat es mir gleich. Jetzt keinen Fehler machen.

Sorge um sich

Ich kann natürlich nicht gehen, ich kann nicht aufstehen. Ich warte, sobald ich aus dem Schlaf schrecke, sehnsüchtig auf die Schwestern und das Ritual.

Ich höre das Klappern von Geschirr, die Duschen und die Klospülungen, denke: Mein Knie. Meine Knöchel. Meine Brust. Ich schließe die Augen und höre dem Gerede in der Sprache der Schwestern zu. Die Butter brutzelt auf dem Herd.

Eine dünne, aber fühlbare Lage zerlassener Butter oder aber sehr heißer würziger Rindsuppe.

Ein jeder Körper zerteilt sich in verschiedenste Landschaften. Eine dünne Lage, scharf und warm, zwischen den obersten Schichten der Haut, wie eine Folie. Spiegelglatt.

Ich denke, meine Knie. Es ist so schön, auf dem Rücken zu liegen und den Wandel der Landschaften zu spüren. Wie Farben. Fast kochend. Bis alles platzt (natürlich habe ich Angst).

Entspann dich, Süßer.

Die Schwestern streicheln mich freundlich, bevor sie im Nebel verschwinden.

Und ich beginne, ohne dass irgendeine Anstrengung dafür nötig ist, zu schweben. Auf dem Rücken liegend, etwa einen Meter über dem Bett, regungslos, bis zur Mittagsvisite.

In den Nebenzimmern husten, schnarchen und streiten die Kranken (manche sterben).

Nein, Herr Doktor, ich kann nicht aufstehen. Ich will auch nicht aufstehen. Danke.

Fortsetzung einer Vorgeschichte

Sich einen Namen aussuchen: ja, wenn er das könnte. Die Situation ist vorbei, der Bahnhof, die Leere, sein ratloses Lächeln, die Nacht, und die Frau (die – dies zur Info – in einem Designbüro arbeitet und eigentlich mit D. und ein wenig auch mit R. zusammen ist) wird nicht mehr wissen, was dieser Bahnhofsmann in ihrem wirklichen Leben soll.

Zur Polizei gehen, damit sie ihm sagt, wer er ist. Für einen Moment ahnt er, dass alle diese Leute, die in Designbüros arbeiten und an ihren Handys hängen, alle D.s und R.s und die Menschen mit anderen Namen und er selbst in seinem früheren Leben mit der Polizei zusammenarbeiten und zur Polizei gehören und dass alles nichts wert ist.

Es ist warm genug, im Pullover auf die Straße zu gehen, und er geht auf die Straße, in einer ihm unbekannten Stadt in Niederbayern oder Franken, die allen anderen Städten in Niederbayern oder Franken oder Baden oder Württemberg oder Hessen gleichschaut, geht immer weiter, atmet ein und atmet aus, aus der Entfernung wird er immer kleiner und dann sieht man ihn schon nicht mehr, als hätte er es geschafft.

Der Radfahrer, der uns überholt

Er denkt, Patricia wäre eine jener kleinen und zarten Frauen, die von der schraubstockartigen Umarmung großer, kräftiger Männer träumen; Männer, die geradezu bewusstlos wären vor Kraft. Wie sie ansonsten aussähen oder röchen oder was sie unter Umständen im Kopf hätten, wäre demgegenüber völlig gleichgültig. In der Liebe fände die Frau (Patricia) einen Moment vollkommener Umschlossenheit und Unbeweglichkeit, sie wäre wie tot. Ihr sonstiges Leben bliebe davon völlig unberührt, sie würde diesen Mann, den sie liebte (ihn), mit großer Distanz und ohne besondere Beteiligung betrachten können. Patricia. Davon träumt er, und er ist seiner Sache sicher. Leider täuscht er sich. Vorne dampft er noch die schnurgerade Straße entlang, dieser Radfahrer, mit dem wir beim besten Willen nicht mithalten können.

Blick in den Spiegel

Sie fragt sich, warum es überhaupt etwas gibt. Zungen, die sich zwischen Lippen schieben, Bäume (Schirmakazien oder Kiefern, vor einem grellen, fast weißen, fast verschwindenden Himmel), Männer mit Menjoubärtchen und Spazierstock (plötzlich wieder sichtbar, die winzigen, schlecht ausrasierten Poren und Bartstoppeln, die leichte Rötung auf der Oberlippe), den Tod.

Und wenn sie eine Orange schäle, sagte sie später, wisse sie nicht mehr, worin der Unterschied bestehe zwischen der Orange und einem anderen Tier. Zwischen der Orange und ihr selbst. Das saftige Fruchtfleisch der durch eine feine Hautschicht getrennten Spalten. Die Schale, in die sich der Fingernagel, den sanften Widerstand überwindend, bohrt, und der an dem einen Pol erscheinende dick in sich eingedrehte Anus, der nur ein Bild von einem Anus und deshalb umso wirklicher, umso nackter ist.

Und die Steine, sagte sie später, schon im Bett. Die Steine, wenn sie vom Meer gepeitscht und gestreichelt werden. Sie sind so klein und sichtbar und wissen so wenig vom Licht. Man könnte glauben, in ihnen –
Aber dann schwieg sie, drehte sich zu mir, schob ihre Beine zwischen die meinen und schloss die Augen.

Ich schob die Decke weg, stand lautlos auf, ging lautlos aus der Tür und hinaus in die Nacht.

Ein Autor

– Alles ist lächerlich, was in mir drin ist, sagte der Autor. Deshalb hole ich es raus.

Wir erschraken vor seiner schlaffen leeren Hülle, und alles war gut.

Das Gespräch des Bauern mit der Kartoffel

Das Gespräch des Bauern mit der Kartoffel endete damit, dass der Hahn mit dem Moped davonfuhr und die Kartoffel sich wieder unter die Erde zurückzog, um ein wenig zu ruhen. Das Moped wurde am Parkplatz des Baumarkts gefunden. Vom Hahn fehlte jede Spur; nach einigen Monaten traf jedoch ein Brief mit überraschendem Absender ein.

Der Bauer

Der Bauer schämte sich irgendwie vor den Hühnern. Generation auf Generation von Hühnern folgten einander, sie unterhielten sich gackernd auf dem Hof und schauten am Bauern vorbei.

Jesus

Jesus hatte sehr schöne, ungewöhnlich lange Zehen. Sie legte eine neue Kompresse auf seine Wunde und wickelte den alten, schon gelblich-verkrusteten Verband wieder eng um seinen Fuß. Dann küsste sie die Zehen, nahm sie eine nach der anderen in den Mund und lutschte an ihnen. Makellos weiße, saubere, ungewöhnlich lange Zehen. Im Hintergrund brach die Welt auseinander.

Durch den Riss in der Welt traten eine Kuh, ein nackter Knabe und ein Mann im Anzug. Ein rötliches Gebirge, mit kieferbestandenen Felsen, mit Schluchten und Tälern wurde sichtbar, verlor sich aber in einem wässrigen, fast meeresblauen Nebel.

Dieser Riss bleibt geöffnet, und der Mann im Anzug, der nackte Knabe, die Kuh, eine kleine Herde von wilden Eseln, Jesus (hinkend), M. (die ihn stützt), der Hundemaler, die dünne Japanerin und schließlich wir selbst können immer wieder hindurchgehen, hin und zurück, oder uns einmal in dem wässrigen, fast meerblauen Nebel (dem Malgrund, so nannte es Wu) verlieren.

Abenteuerroman (Pause)

Wenn wir uns zu Bett begeben, lassen wir den Polizisten meist aus dem Amulett heraus und bereiten ihm ein Plätzchen unter dem Bettgestell. Manchmal ist es unangenehm, ihn dann hin und her gehen zu hören, unablässig, in immer gleichem Rhythmus. Ab und zu hüstelt er sogar, wenn es uns zu viel wird, zischen wir, und dann wird es still. Sicherlich hält er den Atem an, was kümmert es uns. Andererseits stelle ich mir vor, wie er selbst das Knirschen der Matratze wahrnimmt, wieder und wieder, wie er lauernd die Hand an den Pistolenknauf legt.

Am Morgen setzt ihn Sheila manchmal auf ihre Handfläche und lässt ihn den Arm hinaufklettern.

Zusammenleben

Ich hingegen lebe seit einiger Zeit mit einem staubsauger-
artigen Wesen zusammen, das sich Anton nennt. Dieser Name beweist, dass es sich um einen Mann handelt.

Wir verstehen uns einigermaßen, und ich habe keine Scheu,
meine vielfältigen Probleme mit Anton zu besprechen. Ich
bin überzeugt, er hört zu, ich sehe es ihm an. Eine Geste
bringt mich dann zum Verstummen, und ich stürze ins Badezimmer und schließe die Tür. Dennoch, ich benehme mich
in meiner Wohnung im Allgemeinen immer noch so, als wäre
ich hier zu Hause.

Manchmal liegt ein Geruch nach verbrannten Kabeln in
manchen Zimmern. Ich kann dann wenig essen. Ich sage
nicht, dass es mich ekelt. Ich sage nicht, dass ich Angst habe.

Möglichkeit eines Geständnisses

Der Gedanke, einmal etwas von meinen wirklichen Vorstellungen und Gedanken aufzuschreiben. Endlich etwas zu schreiben anstelle von dem, was ich schreibe. Knapp daneben und plötzlich ehrlich; nicht mehr nur »Literatur« und deshalb wirklich Literatur. Zum Beispiel:
[.. ... .
....
......, ...; ....
.. .. ----]
.

Liebe, sagte der Neffe

Immer, wenn ich liebe, sagte er, ist ein zweites Ich da, das nicht liebt und sagt, hör doch auf. Was tust du da. Du tust doch nur so als ob.

Das eine Ich arbeitet unablässig, sagte er, sehnt und fürchtet sich und ist glücklich und so fort, das andere redet unablässig drein, sehnt sich nicht, fürchtet sich nicht, ist nicht glücklich und so fort (oder meinetwegen auf eine schlichtere Art glücklich).

Ich weiß nicht, wer von den beiden recht hat, sagte er. Ich halte mich da raus.

– Wen liebst du denn?, fragten wir.

Er starrte uns an.

Die Akrobatin

Zu diesem Zeitpunkt war die Akrobatin längst über alle Berge.

Die Kunst der Seefahrt

Verstehen, dass zwischen der Welt unter Wasser und der Welt darüber kein Unterschied besteht.

Vom meerblauen Fleisch der Menschen geht nachts ein schwaches Leuchten aus. Die betrunkenen Frauen gehen am Schottentor über die Straßenkreuzungen, als trügen sie Taucheranzüge, vorsichtig einen Schritt vor den anderen setzend hieven sie ihre Körper in die Straßenbahn.

Schnell ihnen nach und einsteigen, bevor sie davonfährt, das Rauschen stärker wird und (während der Grund sich neigt und zur Alser Straße hin absinkt) die Imbissstände und U-Bahnabgänge von den feuchten Schlingpflanzen überwuchert werden.

Diese vertrocknete, seltsam verfilzte und verklebte Landschaft hatten wir nicht erwartet. Wir bewegten uns über Falten und Laschen hinweg und blieben an Klebestreifen hängen. Immer wieder mussten wir von den Pferden steigen (zumal diese kaum noch als Pferde zu bezeichnen waren). Manche Haarknäuel konnten wir nur mit der Machete durchtrennen. Wäre das Medaillon verlorengegangen, so wäre die Chance, es jemals wiederzufinden, eins zu tausend gewesen. Unser bedauernswerter Begleiter wäre jämmerlich zugrunde gegangen. Eine Substanz wie Kaugummi legte sich über den Weg. Die Atemwege des Polizisten sind sensibel; wenige Sekunden der Unachtsamkeit würden ausreichen, und sie wären rettungslos verklebt. Er hustete warnend.

Wir hörten ein Piepsen, mir war für Momente nicht klar, woher es kommen mochte.

Rede des Schattenpriesters

– Ich glaube doch meiner Haut nicht mehr, sagte er. Je genauer man hinschaut, desto mehr Wunden sind zu sehen. Jede Pore verwandelt sich, wenn man genauer hinschaut, in eine Wunde. Ich glaube meiner Sprache nicht mehr, die Sätze sind voller Muttermale, die Wörter verfärben sich, nässen, werfen Bläschen. Jede Berührung, jedes sanfte Streicheln wird zum Kratzen und Jucken. Ein fremdartiges Kratzen und Jucken, wie ich es noch nie gespürt habe. Ich kann auch nicht mehr baden oder mich in warme Decken kuscheln. Das kann ich nicht.

Ja gewiss, einzelne Sätze sind zu akzeptieren. Aber nur wenn sicher ist, dass sie nicht von mir sind. Ich habe auch nichts gegen die Existenz der Welt einzuwenden. Gegen die Haut der anderen Menschen. Gegen das Licht und die Küsse, die Feuchtigkeit der Welt. Nichts gegen die Luft, aber sie hat sich verfärbt. Für mich ist sie nicht zu ertragen.

Vom Bett aus, die Decke über die Brust hochgezogen, schaute Maria ihm zu.

– Übrigens kann man die Städte auskippen, sagte der Schattenpriester. So.

Er hob die Hände vor seiner Brust, die Handflächen geöffnet wie ein Kelch und schräg zur Seite geneigt, so wartete er, während Maria sich räkelte und langsam aufrichtete. Von ihrer Haut ging ein meerblaues Leuchten aus.

Die Donau (Rückseite seiner Lider)

Der Musiklehrer hofft, wie jeden Tag, dass die schöne Schwester Frühdienst hat und ihn, endlich, von Kopf bis Fuß in ölgetränkte Tücher wickelt wie eine Mumie. Zuerst die kühle Feuchtigkeit, dann die fast unendliche Hitze, wenn das Streichholz angelegt wird, in der Kammer der Klinik, die für das Ritual vorgesehen ist, einem freundlichen hellen Raum mit sauberen weißen Wänden. Die stillen, sicheren Bewegungen der Helfer, ihr dezenter Rückzug. Die schöne Schwester mit den zarten flinken Fingern. Die Flammen, die Asche, das weiterglimmende Bewusstsein.

Er ist umschmiegt von seinen Decken, um sechs Uhr früh, und versucht, sich an der Vorstellung (die Flammen, die Asche) festzuhalten und so den Tag abzuwehren: das Aufwachen, die Behandlungen, den Kaffee und die Semmeln, vor allem die Marmelade, die Fragen, die Besucher, die Aufmunterung, das Mittagessen, den Ernst, die Arbeit, die Vergnügungen, die Schmerzen, die Unterhaltung, die Angst, die Langeweile. Jeden Tag versucht er es erfolglos, jeden Tag hofft er vergeblich.

Ehemaliger Musiklehrer, natürlich. Im Gymnasium. Im Akademischen und bei den Schotten. Professor Hecht.

Er schaut gegen Mittag, auf seinen Rollator gestützt, aus dem Fenster der Klinik, die Hochhäuser hinter dem heute seltsamerweise rückwärts fließenden Fluss, die Flammen in mittlerer Ferne, das müsste die Wieden sein, vielleicht Margareten. Gumpendorf, und im Hintergrund die Hochhäuser am Wie-

44

nerberg. Die Flammen breiten sich aus, mit einem Knacksen des Erdbodens, und Professor Hecht holt tief Atem und schließt die Augen. Zarte Finger streichen ihm übers Haar, etwas wie zarte Finger.

Vor allem nicht die Marmelade, denkt er. Dann ist es gut. Nur nicht die Marmelade.

Venedig drei

Der Kunstmaler Wu Daozi (oder auch Wu Daoxian), sehr alt geworden, sitzt mit zitternden Händen vor seiner Staffelei unter den Arkaden. Radschlagende Touristinnen, was für eine Zeit. Eine Bewegung wie ein Flattern. Eine Abschrägung des Bodens. Ein saugendes schlürfendes Geräusch (das muss das Meer sein oder etwas unterhalb des Meeres).

Dieser Hund, ein Spaniel, kam zu ihm zurück, alle paar Tage oder Jahre, seit langer Zeit, seit den Siebzigerjahren, so scheint ihm. Er leckt sehr zart an der Hand des Malers.

– Der Ort der Seele, sagte der Philosoph, ist der Körper des Anderen. Die Seele des Pfirsichs ist sein Geschmack; sie wohnt nicht im Pfirsich selbst, sondern im Mund des Essers. Dasselbe gilt für das Schwein. Ich weiß, wie es ist, ein Schwein zu sein, das Schwein weiß das nicht.

Der Philosoph bückte sich, hob seine speckige Aktentasche aufs Pult, öffnete sie und holte einen Pfirsich hervor. Die Schülerinnen – von tiefem Ekel gepackt – überlegten, wie sie vorgehen würden und welche Form von Behandlung angemessen wäre.

Fortbewegung (Die Seele des Anderen)

Ich bin ein dicker, nein, ein extrem übergewichtiger Radio-moderator, der im Rollstuhl sitzt. Er gelangt über Filmschnit-te von Ort zu Ort (sein Rollstuhl hat keine Räder). Einen Schalterbeamten, von dem er ein Ticket nach Pula kaufen will, schießt er (zu meiner eigenen Überraschung) umstands-los nieder, noch bevor er bezahlt und leider auch bevor er sein Ticket bekommen hat. Er ist ein etwas arroganter und impul-siver Mensch. Mit einer anderen Schalterbeamtin versucht er zu flirten; es macht nichts, dass er sich erst mühsam an den Armlehnen seines Rollstuhls aufstützen muss, um überhaupt zu ihr hochzusehen. Zu ihr, die hinter einer Glasscheibe sitzt. Eher gibt ihm das eine gewisse zusätzliche Macht und Ge-walt. Als könnte er, nachdem er die Höhendistanz überwun-den hat, spielerisch auch das Glas durchdringen. Allerdings gehen ihm schon im ersten Satz die Wörter aus. Oder eher: der Rhythmus des Sprechens geht vollkommen verloren (was gerade beim Flirten ausgesprochen hinderlich ist). Nun gut, er will auch nur ein Ticket besorgen. Er greift in seine Brust-tasche und merkt, dass er nicht weiterreisen wird können, weil er keinen Reisepass bei sich hat. Er weiß plötzlich wieder, dass sein Reisepass noch in der Hotelrezeption in Piran oder Koper liegt, im Nachbarland, wohin er nicht zurückkehren kann. Ich weiß plötzlich wieder, dass ich nicht weiterreisen kann und dass es absurd war, mich auf die Technik zu verlas-sen, die mich Schnitt für Schnitt durch die Welt zu führen schien.

Rede (nichts Ernsthaftes)

Ich huste ins Mikrophon.
Es tut gut, das kleine Knochengerüst zusammenzuklappen
und gekrümmt zu warten. Das saftige Fleisch schließt den
Kern ein. Die rote schwitzende Haut und das Muskelgewebe,
das feine, dann das schwabbelnde Fett schließen sich um das
Gestell des Rollstuhls.
Die Orange teilt sich in Segmente. Jede Faser platzt auf der
Zunge. Ich huste ins Mikrophon, Tröpfchen verteilen sich,
Meeresrauschen ist zu hören.
Wie wenn das Meer sich zurückzieht und eine einzelne Welle
sich bricht, nah am Strand, immer wieder an derselben Stelle,
als wäre es ein und dieselbe Welle.
So weit so gut.

Im Allgemeinen verläuft der Fortschritt langsam.
Zunächst verwandeln sich die Füße, beginnend bei den gro-
ßen Zehen. Wenn man Glück hat, in Holz, manchmal in
Stein, seltener in Metall. An anderen Regionen des Körpers
zeigen sich nur ein paar harmlose Verfärbungen, Wülste und
Geschwüre, seltener entstehen Löcher oder tiefere Risse.
Ich muss das dem Arzt in der »Koje« bis in die peinlichsten
Details beschreiben. Ich muss das dem Publikum darlegen,
in seiner Pracht und Würde, seiner Ökonomie und Lebens-
nähe.

Es ist praktisch, es ist bequem.
Nennen Sie es ein Sichtbarwerden des Kerns oder Gerüsts. Es
kommt selten an die Öffentlichkeit.

Wir alle essen gerne Orangen, auch Mandarinen, insbesondere Satsumas, und schämen uns nicht, es zu sagen.

Wir schämen uns keineswegs, von Orangen, Mandarinen (insbesondere Satsumas), ihrer Haut und ihren Segmenten zu sprechen. Vom Fruchtfleisch und vom feinen, dann glänzenden, in schwabbelnder Eigenbewegung sich dehnenden Fett. Ich danke für Ihre Aufmerksamkeit.

(Klapp.)

Unmöglichkeit eines Geständnisses

[- ... .

..   ..;   ...   .

....

....; .... -----]

Dezentes Knapp-Vorbeihören.

– Das ist aber interessant! Eine ganz neue, phantastische Seite.

Kind und Baum

Das Kind sagt, da ist ein Baum. Ich habe gehört, was er gesagt
hat.
Ich habe gehört, dass er gesagt hat, er will ein Kind töten.
Ich habe gehört, wie er gesagt hat, ich schneide das Kind auf
und hole sein Herz heraus.
Ich habe gehört, wie er gesagt hat, ich will euch Kinder töten
und eine unendliche Kugel aus euch machen.

Die anderen Kinder schauen den Baum an.
Wir schauen den Baum an, und seine Blätter surren zart.

Museum

1.

Ich setze mich aufs rote samtgepolsterte Bänkchen und warte, dass etwas passiert. Etwas: Fast nichts. Etwas kaum Merkliches, aber Grundlegendes, nein, Grunderschütterndes, nein, grundlegend Erschütterndes. In einem Streifen Farbe, der noch keinem aufgefallen war. Wie dieser Streifen Farbe nun seinen Nachbarn berührt.

Fast nichts. Aber dann doch fleischig, üppig, das Aufplatzen einer Frucht, eine fremdartige Geburt, in der Farbe, weich, im Fast-Nichts, am Rand des Dunkels.
Danach wäre alles anders, sonst lohnt es sich doch nicht.

Der Parkettboden knirscht. Ein Lichtstreifen aus dem Fenster macht den oberen Teil des Gemäldes unerkennbar. Der Parkettboden knirscht, Winterschuhe, die Schritte einer Frau.

Ich sitze auf der Bank im Museum, höre diese Schritte, und am linken Rand des Bilds mir gegenüber regt sich vorsichtig eine Farbschicht, ockergelb, noch täuschend blass. Die Frau hat den Kopf abgewandt, aber natürlich erkenne ich sie wieder.

Ihre Präsenz hatte ich schon davor gespürt, fast von Beginn an, als ich die Treppe hochstieg. In einigen der Säle hatte ich sie von hinten oder von der Seite (ihr Kopf immer abgewandt) gesehen, in ihren für die Jahreszeit etwas zu schweren braunen Schnürschuhen und ihrem langen dunklen Kleid.

Gleich zwei Mal löste sie versehentlich einen Alarm aus, weil sie sich zu nah an ein Bild beugte, um ein Detail genauer zu sehen oder mit ihrer Kamera (nicht mit dem Handy) zu fotografieren. Sie schaute nicht die Bilder an, sondern Stellen in Bildern, Orte, an denen man etwas entdecken könnte, an denen man sich einrichten könnte.

Du drehst dich ganz leicht mit dem Bild an der Wand. Du bewegst dich gegen die Bewegung des Bildes, so langsam wie dieses. Du bist schwarzweiß. Der Raum bewegt sich gegen die Bewegung des Bildes; du bewegst dich gegen die Bewegung des Raumes. Ganz langsam, du bist schwarzweiß. Du drehst dich zur Kamera hin und wieder von ihr weg.

Sie streift von Saal zu Saal, beugt sich nieder, fotografiert, tritt einen Schritt zurück, wendet sich ab.
Ich folge ihr, schaue auf die Stellen, die sie fotografiert hat. Da ist nichts Besonderes. Rissig gewordene Farbe am Kleid einer Heiligen. Irgendwo ein Hund oder ein Huhn.
Die Kamera hängt an ihrem Handgelenk. Sie bleibt nicht lange vor den Bildern stehen, findet gleich, was sie sucht, und wendet sich dem nächsten Bild zu, mit seltsam verhuschten Bewegungen. Sie holt (denke ich jetzt) Stelle für Stelle aus dem Bild heraus. Mit scheinbar verhuschten, in Wahrheit sicheren, präzisen Bewegungen.
Irgendwo ein Hund oder ein Huhn. Ein Mann sitzt auf einer Bank, den Kopf gebeugt, den Kopf abgewandt.
Ein Mann oder ein trüber Fleck. Oder eine Kraftquelle, *da ist kein Fleck, kein trüber Fleck, der dich nicht sieht.*

Ein Mann sitzt auf einer Bank, einem roten samtgepolsterten Bänkchen. Der Lichtstreifen aus dem Fenster macht einen Teil des Raums unsichtbar.

Meine Idee von der Wirklichkeit ist folgende: man kann immer näher heranzoomen, näher und näher, bis es endlich möglich ist, ins Bild zu treten, unter körnige Pixel, die sich gleich im Raum verlieren: in einem Stadium vollkommener Auflösung.

Ein paar Strähnen ihres langen Haars verdecken ihr Gesicht. Mit der linken Hand streicht sie die Haarsträhnen zur Seite. Ihre Augen folgen den Farbbahnen, ziehen sie nach, folgen der Anziehung. Sie küssen.

2.

Wir standen nah beieinander in einer Ecke der Toilette. Ein Tourist wusch gründlich wie ein Arzt seine Hände und starrte uns, starrte die Frau auf der Herrentoilette über seine Maske hinweg an. Sie flüstert:

– Was ist mit deinem Auge, sie flüstert so leise, dass ich mich nah zu ihr hinbeugen muss, um sie zu verstehen.

Ihr sehr weißes Gesicht, nah an meinem, das ist die Haut eines jungen Menschen, dachte ich. Das ist ein Mensch, eine Frau, das sind ihre Augen, sie hat die Maske heruntergeschoben, öffnet den Mund und ich sehe ihre Zunge, so dachte ich oder so steht es zumindest da.

– Dieses leere Grau, sagte sie. Du musst unbedingt einen Hut tragen.

Ich sah ihre feuchte Zunge. Eine Heimlichkeit, eine unendlich scheinende Heimlichkeit, und in der Heimlichkeit ein Schmerz.

Im Zwischengeschoß gibt es einen Spiegel. Es ist wahr, meine Augen sind grau geworden. Das eine ist ganz verwaschen, es ist ein Wunder, dass ich noch etwas sehe.

Allerdings kann ich nicht entscheiden, was ich sehe, und was zu sehen ich mir nur einbilde. Ich kann nicht entscheiden, inwieweit Menschen, die ich wiedererkenne, deshalb auch zu meinem früheren oder heutigen Leben (meinem wirklichen Leben) gehören. Oder ob ich einfach eine andere, eine falsche Abzweigung genommen habe.

3.

Stell dir ein weißes Bild vor. Weiß und die zarten Schatten auf dem Weiß: Ein Bild, ein Ausstellungsstück, das dich von einem Saal in den anderen stürzen lässt. Das Auge verliert den Halt, und der Körper ist nur Auge. Das Ding ist die Bewegung und der Raum, und das Auge ist der Raum. Du erkennst diesen Gegenstand (den du nicht mehr Ausstellungsstück nennen möchtest): weiß und die zarten Schatten auf dem Weiß.

4.

Ich sitze auf der Bank, rings um mich sind Bilder. Eine feste Grenze trennt mich von den anderen Menschen, die sich die Bilder anschauen.
Plötzlich schaut mir die Frau direkt ins Gesicht. Sie streicht die Haarsträhne von ihrer Stirn. Ihre weiße Haut. Die Haut eines Menschen. Ihre blitzenden grünen Augen. Sie kommen mir ganz nahe, sie hält die Kamera, ich versuche die Augen zu schließen. Sie beugt sich zu mir hinunter, ich weiß, dass ich zu etwas Verwischtem geworden bin, etwas Winzigem,

das man zwischen zwei Fingern abmisst und kaum wiedererkennen kann, aber das heißt nur, man muss es auf die eine, besondere Art anschauen, den Farbbahnen folgend, von ihnen geleitet und angezogen. Was passiert nun, ist die Grenze immer noch fest. Ist da überhaupt eine Grenze.

Ihr Kopf war immer abgewandt, aber ich wusste, dass sie mich von Beginn an wahrgenommen hatte, so wie ich sie wahrgenommen hatte, ohne ein Wiedererkennen; ich wusste, dass sie das Spiel spielte, dass sie nur wartete.

Sie küssen, so als wäre diese Spannung zu nutzen und zu verwandeln. *Du musst –*
Es wäre eine Art von Tanz, von Saal zu Saal, ein Umkreisen, bis hinein ins Zwischengeschoß. Trotz aller Grenzen. Trotz ihrer Maske.
Trotz meiner Maske und allem, was verwischt ist an mir.
Ein langsamer Tanz, wie eine Umarmung, sie küssen. *Du musst zu Farbe werden.* Du drehst dich. Ein Wirbel. Es jagt dich durch die Wand, alles ist voller Bedeutung: Auge und Körper, du zuckst. Es gibt keinen Ort in der Welt, der dich nicht sieht.

Das ist fast nichts, fast keine Veränderung.

Sie beugt sich nah ans Bild, und die Alarmsirene beginnt zu heulen.

5.

Ich gehe nach Hause, in meinem Mantel, der grau ist, ohne
Hut, mit Kontaktlinsen in den Augen, die herbstgrauen Stra-
ßen hoch, stelle mir vor, aus dem Rahmen zu treten, in diese
Leere hinein. Im Rahmen sind die Bilder, die wir lieben, die
Gegenstände, die Menschen, die Tage, wir sind zusammen
mit denen, die wir lieben. Wir können uns nicht ganz sicher
sein, ob wir wirklich die Menschen lieben oder nicht eher den
Rahmen.

Die Errungenschaften des Sozialismus

Im Traum war ich jemand aus Cuba, der sich (halb zum Spaß, halb im Vertrauen auf die Errungenschaften des Sozialismus) ein Bein amputieren ließ. Später wollte ich darüber schreiben. Ich erwachte und fühlte nach meinem Bein.

Waren es die Sechzigerjahre und war das jetzt? Cuba auf jeden Fall mit C geschrieben, weil das cooler aussieht.

Kino

Sein Leben im Kino verbringen, wo ein endloser philippinischer Schwarz-Weiß-Film läuft. Man versteht ab und zu die aus dem Spanischen oder Englischen entlehnten Tagalog-Wörter. *Pero* für *Aber*. *Zapatos* für *Schuhe*. In manchen Szenen frisst das Licht Körnchen für Körnchen das Bild auf, und dann lernt man, Gegenstände zu sehen und zugleich die Verzweiflung dieser Person, die in einer tropischen Landschaft sitzt und eben den Brief gelesen hat, der ihr Leben zerstört. Alles wird deutlicher in diesem Moment. Die Vegetation und der Himmel und die Bewässerungskanäle und der Baumstamm, auf dem diese Person sitzt, all das wird immer heller, fast schon weiß. Dann geht der Film weiter, das zerstörte Leben, es regnet, man sitzt im Kino und die Personen stapfen durchs Wasser. Man schläft ein und weiß nie, ob man ein paar Sekunden oder ein paar Stunden lang geschlafen hat. Zum Essen und Trinken schieben wir die Gesichtsmasken vom Mund. Die Personen müssen im Film ein wirkliches Leben führen, ein zerstörtes, aber wirkliches Leben, während wir im Kino bleiben dürfen. Ab und zu stirbt einer der Kinobesucher, das ist unvermeidlich, und einer der jungen Menschen vom Einlass kommt mit einer sehr hellen Taschenlampe in den Saal, findet sogleich die richtige Reihe, der Verstorbene (leicht hochzuheben, kaum noch sichtbar) wird aus dem Saal entfernt.

Wo wir wohnen

Die Leerstellen in alten Fresken, die abgebröckelten, über-
tünchten, ausgebleichten Teile, die fast nur noch Stein sind.
Farbreste: die kleinen Menschen, Erwachsene-wie-Kinder
und Kinder-wie-Erwachsene in der Hand eines Großen, der
wie geträumt ist. Ein Verlöschen wie ein Aus-dem-Traum-
gelöscht-Sein, doch ein Abdruck bleibt. Also dort, nicht wahr.

Es ist außerdem noch etwas über Katzen zu sagen. Schon
gleich nach unserer Ankunft fielen mir die Katzenabdrücke
auf dem Boden auf. Keine Abdrücke von Katzenpfoten, sondern dunkle Körperformen, so, als wäre eine Katze hier lange,
sehr lange gelegen. Und drüben gleich noch eine Katze oder
dieselbe. Wir wollten den Raum, so schnell wir konnten, wieder verlassen. Wir schauten uns an, mit einer plötzlichen, un-
geheuren Müdigkeit, die Köpfe sanken zur Seite, die Münder
öffneten sich schamlos weit zu einem Gähnen, einem endlos
langen Gähnen.

Hygiene

Fliegen, die ihre Beinchen putzen, erscheinen wie Ärzte, die sich gründlich die Hände waschen. Ärzte, die sich gründlich die Hände waschen, erscheinen wie Fliegen, die sich die Beine putzen. Er hat es erkannt und gratuliert sich dazu.

– Nun gut, sagte der Arzt, während er sich (ohne den Blick auf mich zu richten) die Hände wusch. Es sieht nicht so schlimm aus wie befürchtet. Aber –
Hier stockte er kurz:
– Wir müssen das mittlere Segment entfernen.
– Das mittlere Segment?
Er zeichnete mit der flachen Hand kurze scharfe Schnitte in der Höhe von Brust und Rücken und wandte sich wieder ab. Meine Kieferzangen mahlten wild und wie von selbst. Sie mahlten die leere Luft vor mir.

Etwas an der Stelle des Mondes

Zwei Hunde, die allerdings auch Schweine sein könnten, stehen vor unserem Haus und beten den Mond oder etwas an der Stelle des Mondes an. Sobald der Mond (oder dieses Etwas an der Stelle des Mondes) hinter Wolken verschwunden ist, besteigt eines der Tiere das andere; sogleich beginnen aber nun ihre Unterleiber, wie zerfließende Farbflecken, sich zu verteilen und zu verzweigen, als wollten sie Wurzeln in die Erde schlagen und sich ausdehnen. Pflanzen in unserem Garten sein (wir haben keinen Garten). Wie zärtlich der eine Hund seinen Kopf auf den Nacken des anderen bettet, leise quiekend (es könnten auch Schweine sein).

Wir ziehen uns ins Haus zurück und versuchen trotz des Gequiekes zu schlafen. Auch ein Zwitschern ist jetzt zu hören, ein mittellautes Brummen, ein Knirschen und Knacken. Dann ein Geräusch, als würde Glas zerschnitten; das Mondlicht dringt silbrig-schimmernd durch die Jalousien. Durch die geschlossenen Lider direkt in unsere Gehirne.

Mein Bruder

– Seit auch Brüssel am Meer liegt, hat sich unser Blick auf
Venedig verändert. Ich stand vor der Kathedrale Sainte Gu-
dule und beobachtete dieses Überschwappen des Meers, über
den Strand und die torkelnden Badegäste, bis vor meine
Füße. Hunderte fast nackte Menschen, die versuchten da-
vonzulaufen, den Hang hinauf zur Kirche und den Stufen am
Tor. Dann schlugen die Wellen sanft über meinen Kopf, fast
ohne mich nass zu machen, ins Kircheninnere hinein.
Dort, in den Seitenschiffen, auf verschiedenen Etagen, ist ein
Labyrinth aus weißem Sand oder Schnee gebaut worden. Ich
zog mich zurück.
Seit es dieses Labyrinth gibt und man Etage um Etage hin-
auf- und hinabsteigen und dabei jede Orientierung verlieren
kann, langweilt uns Venedig nur.
Ich sage zu dir:
– Wir langweilen uns nur noch, Akrobatin. Selbst das Licht
langweilt uns. Wir glauben nicht mehr ans Licht, die Blau-
und die Rottöne, es gibt das Weiß des Labyrinths, in dem wir
uns verlieren.
Akrobatin, man glaubt, in dem öligen Wasser die Unendlich-
keit wahrzunehmen, aber das Wasser ist nur wenige Meter
tief. Die Lagune kann austrocknen und aller Zauber ist zerstört.

– Im Gegenteil, dann beginnt ein neuer Zauber. Mein Bruder
verlässt sein Zimmer nie. Er steht am Fenster unserer Berliner
Wohnung und sieht, wenn die Sonne auf die gegenüberliegenden Häuser scheint, durch die vorhanglosen Fenster in die

fremden Wohnungen, ein, zwei Geschoße unter der unseren. Manchmal ist am Rand des Bildes eine Bewegung zu sehen, manchmal in einem Nebenzimmer das Licht eines Computers, aber es wird niemals klar, wer dort zu Hause ist. Ob es immer dieselben sind oder wechselnde Bewohner oder Besucher.

Der Parkettboden, im Sonnenlicht wie Haut. Fünfzehn Meter Entfernung und zwei Fensterscheiben, eine dünne, aber nicht zu überwindende Schicht, wie ein Wasserfilm.

Auch wenn er in der eigenen Wohnung den schönsten sonnenbeschienenen Parkettboden hat, es nützt nichts. Das interessiert ihn nicht, er nimmt es gar nicht wahr. Es muss eine fremde Wohnung sein, der Blick durchs Fenster in eine womöglich leerstehende fremde Wohnung. Die Sonne muss scheinen. Hellhäutiger, goldglänzender Parkettboden, auf der anderen Seite der Straße oder der Welt. Dann kann die Verwandlung beginnen, die mein Bruder erwartet. Als wäre etwas darunter, als würde das Licht im Holz wohnen, so wie es im dreckigen Wasser der Kanäle wohnt. In jedem Moment kann jemand ins Bild treten, es ist niemals klar, wer. Du wirst nie enttäuscht. Wichtig ist nur, dass er selbst in der Szene nicht vorkommt. Wichtig ist nur, das du selbst in der Szene nicht vorkommst. Wichtig ist nur, dass ich selbst in der Szene nicht vorkomme.

Die Akrobatin schweigt, und ich rücke ein Stück von ihr ab. Sie spricht weiter und schaut mir in die Augen, mit einem Blick, den ich nicht ertrage, und der hinter mir einen anderen trifft, und hinter dem anderen wieder einen anderen. Und dann einen Raum, den ich nicht kenne und nicht kennen möchte.

– Ich sage zu meinem Bruder: *Du wirst nie enttäuscht. Du wirst niemals einen Menschen berühren, dieser Gedanke lässt dich erschauern, in einer Art von Glück.* Ich weiß nicht, ob er mich versteht. Er spricht nie. Manchmal steht er nackt da und masturbiert, er schaut aus dem Fenster, und ich beobachte ihn von der Zimmertür aus.

Ich schaue ihr in die Augen, und sie lächelt milde.

Also Berlin. Eine dicke Frau geht auf der Straße vorbei, auf deren Oberarm eine dünne Frau, möglicherweise eine Japanerin tätowiert ist. Der Bruder der Akrobatin lenkt seinen Blick nach unten, er sieht diese Frau oder Frauen durch den Feldstecher ganz deutlich, verzweifelt deutlich. Das Meer wird in Berlin naturgemäß von Norden her kommen, relativ unauffällig, relativ langsam, ein wenig lästig. Wir stehen nur, wie nach einem stärkeren Regen, bis zu den Knöcheln im Wasser, und der Autobus der Linie 200 rauscht vorbei, ein Wasserschwall ergießt sich über die Bürgersteige.

Wanderung

1.

Der sprechende Hund am Wegesrand (möglicherweise ein Spaniel) wiederholte nur immer wieder denselben Satz, wie in einem müden Abwehrzauber.
Wir ließen ihn zurück, obgleich er verzweifelt schien.
Nach wenigen Stunden erreichten wir die Gaststätte.

– Mit Hund oder ohne?, fragt der mürrische Kellner.
– Ohne, sage ich, leicht indigniert.

2.

Ich bin ein Hund. Und ich stelle mir die Frage.

Wittgensteins Gesichter

In der verwinkelten Gesichtslandschaft Wittgensteins verbirgt sich das Bild eines zweiten Gesichts. Ein zweites Paar Ohren. Wenn wir auf dem Rücken liegen, die Arme über der Brust verschränkt wie die Arme von Toten, regungslos, erscheint uns das Gesicht des wie ein Toter auf dem Rücken liegenden Wittgenstein. Eine Faltenlandschaft. Wären wir nicht erstarrt in unserer Lage und in unserem Denken, so könnte der Anblick der in dieses Gesicht eingesetzten schwarzen Augen, ein schwarzes Paar Augen, uns erstaunen, vielleicht sogar entsetzen.

Nicht wir schweben, er schwebt über uns.

Gott

1.

Das Gott ist kein Gegenstand, sagte der*die Philosoph*in und hörte auf zu sprechen. Sagte einfach nichts mehr und versteckte sich unter dem Pult. Wir hörten ein Kichern. Die Minuten vergingen.

2.

– Ziehen Sie sich aus!, sagte Gott zu Trotzki.
Trotzki zog sich aus.
– Ziehen Sie sich ganz aus!
Sie zog sich ganz aus.
Als Trotzki nackt war, zog sie sich auch noch ihre Haut aus, und Gott sah, was zu sehen war.

3.

Wir zogen den*die Philosoph*in unter dem Pult hervor. Gleißendes Sonnenlicht drang plötzlich durchs Fenster, auf den alten Parkettboden, der wie ein Menschenkörper, wie das Meer zu flimmern und zu leuchten begann, nichts anderes war mehr zu sehen. Wir hielten inne. Wir sagten nichts mehr, einige von uns begannen zu kichern.

Heizung

Dieses Ehepaar: Er hatte auf seinen muskulösen rechten Oberarm etwas tätowiert, das wie ein von gelben und roten Rosen umrankter Heizkörper aussah. Seine Frau hatte sechs Zehen am linken Fuß, und er stellte sich manchmal vor, sie sei eine Außerirdische. Einmal fragte sie ihn nach seiner Tätowierung, und er sah sie verständnislos an. Sie fragte nicht wieder und wich der Stelle aus, wenn sie, während ihrer langen, faulen Sonntagvormittagsumarmungen, den Mann streichelte. Gern gingen sie am Samstagabend tanzen. Sie mit ihren sechs Zehen im linken Schuh, nach der langen Zeit erregte ihn das immer noch ungeheuer. Sie trägt das Symbol ihrer selbst an sich: so sagt er sich im Stillen.

Wir kennen dieses Ehepaar aus der Nähe.

Wittgenstein zwei (Konversation)

Ziel der Literatur ist es, der Gurke den Weg aus dem Gurkenglas zu zeigen.

Gesellschaft

Wir gingen abends an der hell beleuchteten Auslage des Steinway-Ladens an der Ringstraße vorbei, wo eine Gruppe von Klavieren dinierte. Mit einer Eleganz und Selbstsicherheit, wie sie Menschen nie zustande brächten. Menschen, selbst Menschen im Frack, würden schon dieses Licht, die Blicke von draußen, nicht mit solcher Würde ertragen. Menschen würden nicht einmal das Wort *dinieren* mit solcher Würde ertragen. Sie würden nur aufgeblasen, arrogant und künstlich wirken.

Wenn man in Menschen (vor allem in Menschen im Frack) hineinsticht, sind unangenehme Geräusche zu hören. Sie verlieren Luft und die Kleider flattern im Wind.

Die Klaviere brauchen keine Menschen, so wenig wie sie für ihr *Diner* Speisen und Champagner brauchen. Sie brauchen keine Musik. Sie glauben, dass sie nicht einmal das Licht brauchen würden, doch das ist eine Täuschung.

Ich zog die Akrobatin an mich und wir eilten nach Hause.

Über den Schlaf

Zur Nachbarwohnung hin gibt es keine Wand, nur eine Art von Sockel oder Rahmen, der die Grenze zwischen den Wohnungen markiert. Natürlich ist dieser Sockel oder Rahmen unüberschreitbar, niemals würden wir hinübersteigen, ebenso wenig würden die Nachbarn zu uns kommen. Sie tun sogar so, als würden sie uns gar nicht sehen. Ich liege auf meinem Bett und kann nicht anders, als verstohlen dann und wann hinüberzuschauen, zum anderen Bett. Dort liegt die Nachbarin, eine Frau mit dichtem schwarzem Haar, den Kopf von mir weggewandt, nackt auf dem Bauch (so dass ich ihren fleischigen Rücken und den Ansatz einer Brust sehen kann). Ihr Mann, ein kleiner dünner Kerl, liegt quer am Fußende des Bettes, in einem beigen Pyjama, der ein wenig wie eine Dienstbotenuniform ausschaut. Um das Bett herum sitzen auf bequemen Sesseln schweigend und mit ernster Miene drei Männer. Ich frage mich, ob ich das Gesicht meiner Nachbarin kenne; ob ich sie im Treppenhaus oder auf der Straße wiedererkennen würde. Ich frage mich, ob sie weiß, dass ich sie anschaue, ihre Haut, ihr dichtes schwarzes Haar, den Ansatz ihrer Brust (nur ob *sie* es weiß: die anderen sind mir gleich). Ich wünschte mir, ich würde schlafen, und meine Nachbarin würde sich lautlos umdrehen und zur Wand, die nur ein Sockel oder Rahmen ist, schauen. Sie würde mich anschauen, während ich schlafe.

Ferien

Die dunkle Frau, mit der ich verreist bin, verlässt nie das Hotelzimmer. Sie hinkt und hat Schmerzen. Ich bewege mich vorsichtig durchs Haus, von Stockwerk zu Stockwerk, habe Angst vor dem Wirten.
Angst vor den anderen Gästen, den Zimmermädchen.
Angst vor dem Besuch, der möglicherweise kommen wird.
Die Treppenhäuser sind zum Glück so verwinkelt und verschachtelt, dass es meist möglich ist auszuweichen.
Einmal steigt meine Freundin, mühsam, auf Krücken, in den Speisesaal hinab. Bestellt Bier für sich und uns. Der hämisch-feiste Blick des Wirts.
Meine Freundin redet unverschämt laut, im ganzen Saal könnte man sie hören (doch der Saal ist so gut wie leer). Es zuckt um meinen Mund, als müsste ich mich zurückhalten, um nicht hinauszulaufen, in den Regen, alles zurückzulassen.
Ich werde meiner Freundin nach dem Essen die Krücken reichen, sie ganz rücksichtsvoll und zart, fast ohne Berührung stützen und zum Treppenhaus führen.
Aus dem hellerleuchteten Saal zum dunklen Treppenhaus und ächzend die Stufen hinauf, Stockwerk um Stockwerk. So als wäre niemand da.
Tock. Tock. Tock. Das bösartige Lärmen der Krücke.
Immer wenn ich in die Stadt gehe, um Drogen zu besorgen, habe ich Angst, sie könnte einfach weg sein, wenn ich zurückkomme, abgeholt und weggebracht. Niemand, den ich nach ihr fragen könnte, am wenigsten den Wirt.
Immer ist sie da, wenn ich zurückkomme; dann liegen wir

stunden- oder tagelang betäubt auf dem Bett, im Dämmerlicht, schweißbedeckt, manchmal keuchend, manchmal wild kichernd.

Meist finde ich in der Hafengegend, was ich suche. Jeden Tag scheint mir, dass die Mole ein wenig weiter ins Meer hineinreicht oder der Kai ein wenig zurückgewichen ist, von den giftigen Wellen zerfressen. Ich spreche die Landessprache nicht.

Wenn die jungen Männer auf mich einreden, schüttle ich den Kopf. Manchmal zerrt mich einer am Arm, ich laufe davon. Wenn ich einen wiedererkenne, laufe ich davon.

Merkst du nicht, dass die Dämpfe durchs Fenster hereinkommen? Dass sie mir folgen, das Stiegenhaus hinaufkriechen, zuerst glaubt man, es wäre nur Mief, Kochgestank, Rauch aus der Küche, Nebel, es ist etwas anderes. Ich habe Lust, mit deiner Krücke das Fenster einzuschlagen. Das würde uns mit der Stadt verbinden: ein Moment von Lärm und Getöse, die Luft, die einsickert, fast zähflüssig, die Schritte aus dem Treppenhaus, das energische Klopfen an der Zimmertür. Unser unterdrücktes Lachen. (Wir würden uns küssen.)

Der Besuch käme.

Der Besuch kommt nie.

Ich habe Lust, deine Krücke mitzunehmen auf meinen Ausgängen (du schläfst und wirst es nicht merken). Tock, tock, tock. Immer wieder komme ich an diesem Aquarium am Fischmarkt vorbei. Ich hasse den Fischmarkt, aber der dichtbebaute Hügel hinter dem Hafen zieht mich an. Es gibt unwahrscheinliche Metallwarenläden hier, kleine Kammern, die vom Boden bis zur Decke mit Gerümpel vollgestopft sind. Es gibt Schaufenster, in denen nur Massen von Kleiderhaken und Kartons zu sehen sind. Hunde und Katzen streunen zwischen den Becken und Aquarien herum. Den Bassins und

Trögen, während der Himmel sich herabsenkt und die Gassen in eine immer unwahrscheinlichere Schräge kippen.

Die vielen Fliegen. Ich habe das Gefühl, dass sie gezielt meinen Kopf umsurren, dass sie angezogen werden von meinem Geruch. Ein Hund schnuppert an meinen Schuhen.

Es gibt dieses eine Aquarium, größer als die anderen. Ich sehe, wie der Händler sein Netz hineintaucht, mit klopfendem Herzen (aber ich greife nicht ein, wie sollte ich eingreifen, laut schreiend, mit der Krücke losschlagend?). Die Krücke liegt sinnlos in meiner Hand. Und ich höre von hier draußen, wie du in dem Zimmer, dem viel zu hoch gelegenen Zimmer, schwer atmend daliegst und kaum noch auf mich wartest.

Das sind unsere Ferien.

Fischmarkt

Ich roch sie von ferne, von der Brücke her, wo ich mich mit hängender Zunge zwischen den Menschen hindurchschlängelte. Den Touristen, die ich besser verstand als die Einheimischen, ich bin selbst von anderswoher gekommen, vor Jahren, mit diesem Schriftzug an meiner Flanke, den ich nicht mehr loswerde, so sehr ich mich auch im Schlamm oder Dreck wälze. Ich weiß, welchen der Menschen ich ausweichen muss, wann ich laufen muss.

Ich roch sie und dann sah ich sie, in den Bassins und Trögen, dicht nebeneinander, panisch zappelnd und nach Luft schnappend. Ich sah den einen Fisch, der den Kopf nach oben streckte, in die Luft hinaus, sinnloserweise, als gäbe es dort eine Möglichkeit, sich zu bewegen und zu atmen.

Sein rundes Maul versucht eine Frage, eine Bitte, eine ganz vorsichtige erwartungsvolle Frage zu formulieren, doch es gibt keine Wörter.

Es gibt keine Verbindung von Fisch zu Fisch, keine Erinnerung. Kein Wissen kommt dem Fisch zu Hilfe, kein Wissen kommt zur Panik hinzu, um sie einzuordnen oder zu steigern.

Aber die wenigsten von ihnen waren noch am Leben, unter ihnen bedeckten Schichten von Leichen den Boden.

Ihr Bewohner dieser Stadt, die ihr euer Leben hier verbringt, wie soll ich euch ernster nehmen. Ich spüre die Sonne auf meinem Fell, die wunderbaren betäubenden Gerüche, die Kraft in meinen Beinen und meinem Kiefer. Die Sonne glitzernd am Wasser, die Menschen rufen einander Sätze zu, die Händler greifen mit ihren Netzen in die Bassins und Tröge.

Hör mir zu, Fisch, ich zeige dir etwas. Einen Trick.

Akiba Rubinstein

Der Schachgroßmeister Akiba Rubinstein aus Masowien wurde jahrelang von einer Fliege quer durch Europa verfolgt. Sie surrte über seinem Kopf, sie saß auf seinem Handrücken. Sie umkurvte einen Läufer oder den König, sie setzte sich auf seine Nase. Sie versteckte sich und tauchte im schlimmstmöglichen Moment wieder auf. Immer im schlimmstmöglichen Moment. Wie nicht anders zu erwarten immer im schlimmstmöglichen Moment.
Akiba Rubinstein galt laut Wikipedia als großer Stratege und Meister des Endspiels und starb in einer Nervenklinik in Antwerpen.

Es ist immer zu laut oder zu still, um sich zu konzentrieren. Jedes Geräusch verwandelt sich in Lärm und in Stille, die Menschen verstehen das nicht. Die Fliege weiß es.

Innenstadt eins

In einem der alten Keller in der Weihburggasse soll es den (möglicherweise einzigen) Zugang zu einem unterirdischen Wald geben. Diese Keller sind sehr tief und ziehen sich über mehrere Geschoße. Der Anblick des Waldes, seine Ausdehnung sind, so heißt es, ungeheuer. Die Bäume saugen das Licht aus dem Stein und der feuchten Luft. Sie atmen fast hörbar. Sie sind groß, doch genügsam, speichern Licht und geben einen phosphoreszierenden Schimmer ab.

Wenn man es oben nicht mehr aushält, auf den weißglühenden Plätzen, kann man an den Haustoren oder den Eingängen der früheren Bierkeller sein Glück versuchen. Vielleicht gibt eines der schweren Tore nach, vielleicht sind die Schlösser ausgeleiert und verrostet, die Türbalken morsch. Vielleicht findet man die richtige Kellertür, die richtige Treppe ins erste, dann hinter Gängen und Gewölben die Treppen ins zweite und die weiteren Kellergeschoße. Das Heereshauptquartier ist allerdings nah. An seiner Rückseite ist das riesige Kreuz angebracht, es schaudert mich immer, wenn ich daran vorbeikomme.

Die Soldaten, die in den wie Schneisen zu weiten Plätzen aufgerissenen Straßenflächen rund ums Hauptquartier patrouillieren, gehen zwischen den Passanten hindurch, als würden sie sich in einer anderen Zeitdimension bewegen. Grüppchen von Menschen lungern vor dem Kreuz herum, als gäbe es hier ein Konzert zu erwarten. Es gibt nie ein Konzert. Die Sonne brennt vom Himmel.

Man kann, so heißt es, unten stundenlang unterwegs sein, ohne auf einen Menschen zu treffen. Vermutlich gelangen nur wenige in den Wald; man weiß auch nicht wirklich, auf welche Weise. Ob es reicht, die richtige Tür zu finden. Möglicherweise war der Wald schon immer da, möglicherweise ist er irgendwann in den Kellergewölben aus ein paar verirrten Pollenkörnern entstanden. Ein ganz langsamer Anfang, dann eine blitzschnelle Ausbreitung. Wild wuchernd.

Die Sonne brennt vom Himmel, und ich lasse mich am Rand eines der Menschengrüppchen nieder. Das Kreuz glüht, rot und riesig, als stünde es in Flammen. Die Soldaten tragen Maschinenpistolen. Man weiß nicht, was hinter der Mauer des quadratischen, auf dieser Seite fensterlosen Gebäudes vor sich geht. Nichts ist zu hören. Niemand kommt aus den Toren. Seit langem, vielleicht seit Wochen, haben wir keinen Wagen, keine größere Kompanie von Soldaten, keinen Priester mehr gesehen. Ich überlege, die paar Gassen nach hinten, Richtung Weihburggasse zu gehen und mein Glück zu versuchen, aber vielleicht ist es besser, sich nicht zu bewegen. Vielleicht reicht es, von dem Wald zu wissen. Nur weil die Form des Terrors uns unbekannt ist, brauchen wir nicht zu glauben, es gäbe im Wald nicht den Terror. In dieser Stille, dieser sanften, schimmernden Stille.

Elinor

Eine brave kleine Kuh, die darauf wartet, dass der Bauer ihren Motor anwirft, um sich in Bewegung zu setzen. Durchs satte grüne Gras, unter einem leuchtenden Himmel dahinzutrotten oder freudig stotternd über Zäune zu hüpfen. Sie wartet, dass jemand kommt, sie zu melken, zu schlachten, die Kabel herauszureißen, die Kolben und Ventile, die Zündung, den Tank, die Mägen. Ihre sanften und endlosen schwarzen Augen, Spiegel, die all das treu wiedergeben. All das hier und den leuchtenden Himmel, das satte Gras, die Hände des Bauern, seinen Blaumann, den Hof mit den gackernden Hühnern, der sich immer schneller dreht, mit einem heulenden Geräusch, das das stupide Geplapper des Bauern und des Textes mehr und mehr übertönt.

Wenn du glaubst, ich lasse mich so leicht beruhigen, hast du dich getäuscht.

In der Grenzstadt (Abenteuerroman)

Im halbdunklen Restaurant hängt über dem Tisch ein Reh.
– Nein, sagt Sheila, es ist ein Hirsch.
Wie auch immer, er hängt an mehreren Drähten, ist am Leben und versucht davonzulaufen. Jedenfalls interpretieren wir seine hilflosen Beinbewegungen so.

Sheila schaut mit verträumtem Lächeln zur Tür, durch die gerade drei Männer ins Restaurant treten. Dann richtet sie den Blick auf mich und schwenkt, wie gedankenverloren, das Amulett, um dem Polizisten ein Zeichen zu geben. Wir versuchen abzuschätzen, wie stark die Stricke sind, an denen der Hirsch (oder das Reh) festhängt. Es könnte klappen.

Eine Fliege (Strategie)

Eine Fliege begann zu sprechen.

Innenstadt zwei

Zwischen Stephansplatz und Oper gibt es eine Schlucht; ich muss vom Fahrrad steigen, das Fahrrad zurücklassen, den schmalen Steg finden (ungefähr auf Höhe der früheren Plankengasse – selbstverständlich), der zum Durchgang hochführt. Über elendslange Treppen und die Stellen, wo die Treppen vergessen wurden und man sich hochhangeln muss. Es ist ziemlich lächerlich, dass es einen Aussichtsbalkon gibt (natürlich, er macht mich neugierig): gegenüber ist nur eine Wand mit einem Werbeplakat zu sehen. Man starrt auf die Inschrift für ein Produkt, das keiner mehr kennt. Persil. Dazwischen die Schneise der Schlucht. Eindrucksvoll ist allerdings der Grabstein unten im wuchernden Grün, auf dem der Name des Autors und seiner (schon in den Fünfzigerjahren verstorbenen) eingeborenen Frau steht. Gedenken wir seiner. Gedenken wir ihrer, sie hatte es schwer genug.

Bald wird das Grabmal von den Grünpflanzen überwuchert und nicht mehr zu sehen sein.

Ich muss zurück zu meinem Fahrrad. Vielleicht gibt es einen Umweg, über den man zur Oper und über den Kärntner Ring hinaus in die westlichen Bezirke gelangen kann. Wo noch Wohnungen sind, manche mit Strom, mit warmem Wasser, mit Radioempfang, wie in den Fünfzigerjahren.

Ich zögere.

Gibt es hier einen zweiten Eingang, irgendwo im wuchernden Gestrüpp? Einen Eingang, von dem noch niemand gehört hat? Zuerst ein feuchter Keller, dann immer mehr, immer höhere Bäume. Ich stelle mir das Licht in den Wäldern vor. Ich stelle mir vor, verschluckt zu werden.

An diesem Ort drei

Es gibt eine Figur, die dein Bewusstsein fortführt. Ein Fisch auf einem Mosaik, ein freundlicher Hund, von einem Hundemaler in die Welt gemalt, einem längst verstorbenen Hundemaler aus dem zwanzigsten Jahrhundert, als die Touristen in Venedig Anzug und Hut oder weite Kleider mit Unterkleid trugen.

Der Fisch auf dem Mosaik hält ein altes Gemäuer, einen Ort, einen einzigen Ort zusammen, mit seinen Blicken, mit seinem Schlaf, seiner Gleichgültigkeit. Ein Hund (seltsames Muster auf seiner Flanke, fast wie eine Schrift) streift durch eine Ruinenlandschaft, viel weiter im Süden, nahe an Rom, kurz bevor das Gelände schließt, es sind kaum noch Touristen da. Wie ihm die Zunge aus dem Maul hängt, wie er hechelt, wie seine braunen Flanken pochen, ein magerer Hund, der von Mauer zu Mauer schnüffelt, sich in spiralförmige Bauten hineindreht, ruhig, ruhig, such seinen Blick.

Theater

Im Halbschlaf finden wir uns im dunklen Zuschauerraum eines großen Theaters (der Raum ist voller Menschen, Stück gibt es aber keines). Wir bleiben einerseits sitzen und verlassen andererseits zugleich den Raum durch eine Tür rechts hinten; gehen dann quer durchs Foyer und betreten den Saal durch eine Tür links vorne wieder, um zu uns zurückzukehren. Währenddessen immer das Bewusstsein, zugleich drinnen und draußen zu sein; und ein Glücksgefühl über dieses Zugleich (nein: über das Bewusstsein dieses Zugleich. Denn noch dazu wissen wir, dass wir im Bett liegen und halb schlafen).

Wunder

– *Sie* müssen erzählen, wie mir Augustina erschienen ist!, rief Tscherwentzin aus.

– Strahlend, sagte Professor Meyerhold, und schöner denn je mit ihren achtundneunzig Jahren. Aber jetzt müssen Sie ausruhen.

Er wandte sein Gesicht ab und Tscherwentzin, schwer atmend, schloss die Augen.

Ein absolutes Kästchen. Wittgensteins Totenraum

Über die sorgfältig arrangierte Fotografie, die Wittgenstein auf dem Sterbebett zeigt, möchte ich später sprechen. Diese Wände, diese Kissen, die als fester weißer Ring um seinen Hals gelegt sind; sie drehen sich um den Kopf des Toten, als könnten sie ihn halten. Ein Kopf, wie vom Körper geschnitten. Die Zimmerkante ist ein scharfer Strich, der die Linie des Haaransatzes fortsetzt.

Es geht darum, mit dem Raum verwandt zu sein und so zu tun, als wäre der Raum mit mir verwandt. Das Grau der Wände antwortet auf das Grau meines Gesichts, das Weiß des Kissen-Rings. Es geht um Kissen und Wände und das, was mein Gesicht war. Später werde ich darüber sprechen. Die Fotografie stellt ein absolutes Kästchen dar.

Ich, Ludwig Wittgenstein, bin gerade gestorben. Danke für die Trauerbekundungen, sie kümmern mich nicht besonders.

Das ist ein Raum, in den ein Kopf gehört. Das ist ein Raum mit einem Gesicht, dessen Augen geschlossen sind. Scharfe Kanten und Kissen, die wie aus Stein sind, ein Gesicht aus Metall. Alle beweglichen Figuren haben sich aus dem Raum zurückgezogen.

Ihr mit eurem Entsetzen.

Das Spiel heißt Stillstand; England, wenige Jahre nach dem Krieg. Krebs.

Natürlich ist die Welt zerstört.

Der Fotograf (meine Stütze, mein Geliebter) fängt das Licht ein; ansonsten bewegt sich nichts mehr. Er ordnet das Licht. Mein Denken steht still, wozu soll ich alles weitere an Zeit erleben, den Rest dieses ekelhaften Jahrhunderts, das abscheuliche nächste Jahrhundert, in dem ihr leben müsst und sterben, und das bisschen, was noch folgt. Nichts folgt.
Ein Raum in Schwarz-Weiß. Kissen und Wände und das Gesicht aus Metall, das mein Gesicht war. Das Nicht-Gesicht, das mein Gesicht war, unzerstörbar in diesem Raum aus Licht.

Ihr mit eurem Entsetzen. Ich bin ein bisschen sentimental.

Ich werde diesen Raum von innen beschreiben, Zug für Zug, der sich in die Wand hinein fortsetzt oder aus der Wand in den Kopf dringt, hart sein, Licht, Beton, eine Wand, eine Kante, ein Ring, Metall. Ich werde Wörter verwenden, die Wittgenstein für sinnlos hält: Wörter wie absolut. Ich, dieser Kopf, der Tote.
Die Fotografie hat ein absolutes Kästchen zu sein. Die sinnlosen Wörter haben ihren Platz, in diesem Rahmen. Alle Wörter haben ihren Sinn verloren und sind erlaubt.

Ich stecke in einem absoluten Kästchen, ich, dieser Kopf, dieser Ring, diese graue Wand, die Wörter, das Licht. In meinem Gesicht ist kein Gesicht mehr, im Licht ist kein Licht mehr, alle Wörter haben ihren Sinn verloren. Und euer Entsetzen und das Abwenden des Blicks, und das Bild bleibt, das Licht kann nicht flüchten.

Das werde ich einmal alles aufschreiben.

Sie kann nichts wegwerfen

Sie ist ein Kind und steht in einem leichten Trägerkleidchen am Meeresufer. Das Wasser ist seicht und durchscheinend, Sand und Kiesel leuchten von seinem Grund zu ihr herauf. Fast berühren die sanften Wellen ihre nackten Füße. Ein dicker Mann in schwarzem Anzug kommt auf sie zu; der Mann ist barfuß, sein Haar zu einem Zöpfchen zusammengebunden. Er verneigt sich leicht, mit einem flüchtigen, fast zynischen Lächeln, und überreicht ihr einen Ring, der zu ihrer Geschichte oder sogar schon zu ihrer Vorgeschichte, bis zurück zu vergessenen Urahnen, gehört. Es heißt, nur wenn sie diesen Ring im rechten Moment wegwirft, wird sie ihn in ihrem letzten Traum wiedersehen und dann ganz leicht durch ihn hindurchgehen, sie sieht jetzt schon diesen Übergang, nach dem alles verwandelt ist. Sie denkt, das ist es, was hinter der Geschichte von dem Kamel und dem Nadelöhr steckt, und weckt sich mit dieser blöden Idee auf.

Das Meer ist verschwunden und sie selbst erwachsen; doch es klopft an der Tür. Sie weiß, dass der dicke Mann im schwarzen Anzug vor der Tür steht, und sucht nach ihrem Amulett. Es ganz schnell öffnen. Sie ruft nach dem Polizisten, sicher schläft er noch. Sie greift an ihren Ringfinger. Der Tod ist vermeidbar.

Wir erschraken vor seiner schlaffen leeren Hülle (ein Autor)

Er schrieb in sein leeres japanisches Notizbuch diese Zeilen: *Man kann tatsächlich eine Folie vom Bewusstsein entfernen und so das Spiegelbild, das einen von der Wirklichkeit trennt, wegschieben. Was dann Wirklichkeit heißt, hat wenig mit dem zu tun, was wir für wirklich halten. Auch nicht mit den Träumen der Religionen und der Esoteriker. Vielmehr –*

Er schrieb weiter: *Ich hoffe, dass diese Einblicke nicht nur Sterbenden gegeben sind, denn ich hänge noch an meinem Leben. Wie ein Tier an seinem Leben hängt* (schrieb er), *ohne jedes Spiegelbild. Nicht ohne Bewusstsein, aber mit* geschältem *und* erweitertem *Bewusstsein.*

Er schrieb: *Selbst wenn das Universum auf eine uns unverständliche Art ein Bewusstsein (oder eine Vielzahl von Bewusstheiten) hätte oder aus sich hervorbrächte – so wie unser Gehirn und Nervensystem auf eine uns unbekannte Art ein Bewusstsein haben oder hervorbringen –, selbst in diesem nicht unmöglichen, aber unbeweisbaren Fall spricht nichts dafür, dass das »Bewusstsein des Universums« ein Interesse daran hätte, unser individuelles Bewusstsein aufzunehmen oder es aufzuheben, im Hegel'schen Sinn. Warum sollte es nicht eine Bewusstseins-Maschine sein, die jedes einzelne Bewusstsein zermahlt und zerstört. Mit dem, was sie an Willen hat, oder vollkommen gleichgültig.*
(Aber wenn man dann wieder eine Folie wegschneiden kann und die Ebene wegschieben?)

(Wer ist hier noch »man«?)

Er schrieb (schon auf der dritten Seite angelangt): »*Ich*« *werde sicherlich niemals wissen. Vielleicht gibt es das Wissen. Vielleicht aber auch nicht. Und all die Rätsel, denen die Menschen seit Jahrtausenden nachjagen, haben schlicht keine Lösung. An den Rändern des zufällig Vorhandenen zerfällt jede Ordnung, jeder Sinn.*

Alle sagen das, alle wissen das.

Er schrieb: *Diese Notizen brauchen eine Ordnung. Also muss ich eine Figur erfinden, ich muss mir ein Gesicht aufsetzen. Einen Raum um mich haben.*

Er schrieb (am Ende der dritten Seite in seinem japanischen Notizbuch):
Er rief:
– Wir müssen verhindern, dass das Universum in sich eingeschlossen bleibt.
Und sie starrten ihn alle an.
– Dieses Universum, das wir im Moment des Todes zu erfassen meinen. Diese bösartigste aller Täuschungen. Diese tröstlichste und bösartigste aller Täuschungen.

Einen Raum um mich haben. Wie ein Tier, wie eine Romanfigur. Ein absolutes Kästchen.

Man muss der Gurke den Weg aus dem Gurkenglas zeigen.

Er schrieb: *Das »Bewusstsein des Universums« genießt unser Leben wie einen Roman oder wie ein Musikstück. »Unser Leben«: das der Galaxien, Pflanzen, Tiere und Menschen. Subtile Harmonien, Assonanzen, Reime, Fugenstrukturen, dramatische*

Wendungen und Effekte etc. Ein Schillern. Enthüllungen und ihre Wirkung etc.; alles, was wir für Raum und Zeit halten. Ein müßiggängerischer Gott; oder ein Gott-Ästhet, der das Universum (von dem wir nichts begreifen) zuhörend und genießend immer besser begreift, Folie um Folie.

Er schrieb: *Die schöne Illusion, ihm mittels eigener Kunst (Struktur, Wiederholung, Fügungen und Blitze, Erkenntnis; Aushebeln der Zeit, Abziehen von Folie um Folie) ins Handwerk zu pfuschen, ihn aus dem Konzept zu bringen und ihm Widerstand zu leisten.*

Diesem Gott: Das Gott ist kein Gegenstand.
Das Gott steckt seine Gabel ins Gurkenglas, wenn es hungrig oder fröhlich ist.

Er schrieb: – *Sobald man eine fundamentale Entdeckung macht, sagte er, und Worte für diese fundamentale Entdeckung findet, versteht keiner mehr, was man sagt. Man versteht sich selbst nicht so recht, wenn man wiederliest, was man aufgeschrieben hat.*
Oder man merkt, dass es Banalitäten sind: dass alle es immer schon gewusst haben und niemand je etwas anderes gesagt hat.
Eine Folie von seinem Bewusstsein abziehen.
Das silbrige Vorsatzpapier dieses Heftes, im Licht der Stehlampe.
Das Physische des Schreibens: der Widerstand des Papiers, der sanfte Druck der Kugelschreiberspitze; und jedes Wort hat seine Form. Im Licht der Stehlampe: die Maserung des Papiers, ein glitzerndes Muster zwischen dem Blau der Buchstaben und Wörter. Sich senkrechte Kolonnen japanischer Schriftzeichen auf diesem Papier vorstellen, die Zeichen, die auf dieses Papier gehören, sich in es einschmiegen würden. Das Physische des Schreibens: ein minimaler, scheinbar notwendiger (mir oder welchem anderen Bewusstsein notwendiger?) Missbrauch. Das Licht will sich an andere Zeichen schmiegen.

Ein Missbrauch des Lichts.

Alles abschaben, was überflüssig ist.

Er schrieb: *Der Tod ist vermeidbar.*
Er schrieb: *Blicke, die das Licht missbrauchen,* und zog (auf der fünften Seite des Notizbuchs) eine waagrechte Linie unter diesen Satz.

Wir erschraken vor seiner leeren schlaffen Hülle.
(Unterhalb der waagrechten Linie schrieb er weiter, denn er wollte sein Heft füllen.)

Der Schattenpriester im Badezimmer

– Man kann auch das Universum auskippen, sagte der Schattenpriester und schaute in den Spiegel, auf dieses Gesicht.
– Sonst wäre es nicht da. Würde es nicht von Zeit zu Zeit auskippen, umkippen, wegkippen.
Ewigkeit ist nur zu ertragen, wenn man ab und zu komplett die Ebene wechseln kann. »Sterben«, wie Sie es nennen.
– Der Raum, sagte er mit einer komischen Stimme, der Raum ist ein Verb und kein Substantiv.
Maria lächelte zu ihm hoch.
Der Schattenpriester räusperte sich und schickte sich dann an, in den von Zahnpastaflecken gesprenkelten Spiegel zu steigen. Er achtete nicht auf die Schnitte, die Schatten und Schnitte, das saugende, knirschende Geräusch in seinen Ohren.

Maria, in der Badewanne, spielte mit dem Schaum an ihrer Brust, hob die Knie an, ließ den Kopf sinken und öffnete unter Wasser die Augen.

Gnadenfrist (Norma)

Sie war *so schön*, las er, *wie eine Vase, die von einer weißen Hand getragen wird und die sich wünscht, fallen gelassen zu werden.* Warum sollte er schreiben, wenn es schon solche Sätze gibt, dachte er. Er las, dass die Autorin, die diesen Satz und die zu dem Satz gehörende Geschichte geschrieben hatte, im Wald erfroren war, Ende des letzten Jahrhunderts, im Sommer. Sätze und Geschichten wie diese, dachte er, sollten nicht in Bücher gestopft werden, sondern für sich aufbewahrt, als kostbare und im Geheimen lebendige Gegenstände. Und die Vase und die weiße Hand und der Wunsch, fallen gelassen zu werden, würden in derselben glitzernden, sie sanft umschließenden Atmosphäre wohnen.
Ein kleiner Stein im Inneren eines aufgebrochenen größeren Steins. Mit Gravitationskraft schreiben.
Ein leicht bitterer Geschmack wohnt auf der Zunge dieses Schriftstellers, der weiter warten wird, während rundherum Sätze und Bedeutungen zu Boden fallen und zischend verglühen.

Ende der Vorgeschichte

Als er durch den Riss kam, war er verwundert. Der Bahnhof sah so aus wie früher, nur ein wenig aus den Angeln gehoben, ein wenig in anderes Licht gesetzt.

Es erstaunte ihn kaum, sie an der großen Glastür (dem Ausgang zur falschen Seite der Stadt) warten zu sehen; sie gehörte nicht zu seinem Leben, also war sie da.

Sie strahlte ihn an, trotz seines Aussehens, trotz seines Geruches, er erinnerte sich an ihren feingliedrigen Körper, so als wäre es eine Zeitlang – damals im Zug, damals in der Nacht – sein eigener Körper gewesen, er schaute auf den Boden, ihre langen weißen Zehen in den Sandalen, mit unlackierten Zehennägeln, der leuchtende graue Betonboden des Bahnhofsvorplatzes unter ihren Sohlen.

Sie zog ihre Schuhe aus.

– Gehen wir auf die andere Seite. Da.

Sie gingen auf die andere Seite. Da.

Das Eigentliche

Jeden Abend beim Stuhlgang hat dieser Philosoph das Gefühl, die *eigentliche* Scheiße bliebe in seinem Darm verborgen. Sie hätte sich dort eingenistet, um ihn morgen früh zu quälen und den ganzen Tag zu vergiften. Jeder Tag ist vergiftet.

Jeden Abend beim Stuhlgang stellt er sich vor, er würde diesmal die *eigentliche* Scheiße ausscheiden und zu Gesicht bekommen, die Vorstellung macht ihm Angst. Wie mag das aussehen, diese fremde, gekaute und durchverdaute, mit Bedeutung versehene, von Bedeutung durchtränkte Substanz in seinem Körper.

Knochen der Wahrheit
(Burggasse Höhe Zieglergasse, Sommer 2020)

Kurz hatte er die Ahnung, dass letzte Nacht im Traum etwas ganz Schreckliches passiert war. Kurz nahm er unter der Straße die andere Straße wahr, hinter der Stadt die andere Stadt, und er versuchte im letzten Augenblick, nach der Akrobatin zu rufen. Sehr weit entfernt war sie noch zu sehen.

Liebe zwei und drei, vielleicht vier

2.

Es gab eine Zeit, da saßen an sonnigen Tagen die Menschen in Paaren am Ufer und tranken einander. Manchmal auch anderswo als am Ufer.
So wurde erzählt, und wir nickten andächtig.

3.

Sie war ein androgynes Wesen mit schlechten Zähnen und grellem Lidschatten, und man nannte sie Akrobatin.
Zu diesem Zeitpunkt hatte ich vergessen, welches Geschlecht ich hatte, aber ich erlebte den intensivsten (vielleicht auch den seltsamsten) Orgasmus meines Lebens. Mehr darüber später.

Rückseite der Welt

Ich war verkehrt aufgewacht. Auf der Rückseite. Ich habe es nicht gleich begriffen, anfangs suchte ich noch nach jemandem, den ich fragen könnte, vertrauten Gesichtern, meinen Liebsten. Einer Uhr, einem Bildschirm. Meinen Möbeln.
Mit jedem Schritt zerfiel das Bild. Ich drehte mich um: Da war nichts mehr. Kein Bett, kein Bahnhof, keine Fenster, die ich öffnen oder einschlagen könnte, um hinauszusteigen, auf die Straße oder auf den Bahndamm, die Böschung hinabzurollen, in irgendeinen unbekannten Wald hinein, schön wäre das, eine Vertrautheit, wie aus einem Film. Nackt auf der Straße liegen oder am Rand der Böschung, mit zerfetzten Kleidern, blutüberströmt, während die Lastwagen vorbeibrausen: aber es gab keine Straße, keine Böschung, keine Lastwagen, keine Fetzen und Fäden. Keine Haut, keine Schilder, keine Häuser, keine Beipackzettel, Städtenamen, Ärzte oder Apotheker. Keinen Weg ins Badezimmer zu Spiegel und Zahnbürste und dem Lichtschalter, der meinem Fingertippen gehorcht, das leise Surren des Lichts. Als könnte ich (ein Mensch) den Raum beherrschen, über das Licht gebieten. Das Licht, das elektrisch surrt, das schnurrt wie eine Katze. Eine Katze anstelle meiner Katze. Keine Jahreszahl in meinem Kopf, keine Wartesäle oder Supermärkte (Edeka, Spar), keine Bäckereien (Ströck, Wiener Feinbäckerei), keine Cafés, Imbissstände (Gosch auf Sylt), keine Wüsten, Geldautomaten, Bars, Polizeistationen. Keine Nacht, keine Nacht anstelle der Nacht.

Die Wände sind dunkel und schief und nur der Form halber da, die Menschen (diese Einheimischen) sehen mich scheu und böse an, dann kippen sie seitwärts aus der Welt. Über ihnen kein Himmel, keine Sonne, kein Mond. Ich gehe mit zitternden zu großen Schritten, der Form halber und weil ich nicht einfach stehenbleiben kann. Ich gehe, als könnte ich einen Punkt erreichen, wo es aufhört. Wo es noch einmal aufhört, richtig, mit einem Punkt am Ende.

Später kommen diese anderen Menschen, ich schaue euch scheu und böse an. Ich weiß schon, ihr haltet mich für einen Einheimischen, tut mir leid, ich gehe weiter, so als könnte ich einen Punkt erreichen, wo das aufhört. Richtig aufhört, mit einem Punkt am Ende. Aber ich kippe nur seitwärts aus der Welt und stehe dann wieder da.

Sobald ich die Augen zumachte, sah ich das Licht hinter mir, zuerst nur als schwachen Schein, wo meine Schläfe das Kissen berührte, dann, gegen Morgen, ein Keil, der sich vom Hinterkopf her durch meinen ganzen Körper bohrte.

Die Aufgabe ist nun, die Form dieses Keils maßstabgetreu nachzuzeichnen.
Und die Zeichnung in Bewegung zu versetzen.
Sie haben den Rest Ihres Lebens dafür Zeit.

Tamaras Schatten

Es sei schließlich sein Prinzip, sagten sie, eine Krankheit seines Blicks. Die Menschen so durchscheinend zu machen, dass der Raum unter ihnen sichtbar werde. Der Parkettboden. Die Stadt und schließlich das Meer an der Stelle der Stadt. Durch ihre Körper hindurch. Nur so glaube er, schreiben zu können. Und das sei fatal.

Er solle Tamara anschauen. Sie werfe einen Schatten. Er solle Patricia anschauen, die einen kleinen Zauberer auf ihren Schoß gesetzt habe, um ihn zerstreut zu herzen. Und nicht auf den Rücken des Radfahrers starren und warten, bis er aus dem Blickfeld verschwunden sei, und dann ruhig weiterfahren; glauben, er könne ruhig weiterfahren, schrecklich langsam. Er schaue so schrecklich langsam. Er schreibe so schrecklich langsam. Bevor er seinen Blick irgendwohin richte, sei schon verschwunden, was er anzuschauen vorgebe.

Er solle uns anschauen. Wir seien schon verschwunden.

Tamara setzte sich aufs Sofa.
– Sind Sie es wirklich?, fragte ich leise. Nach so vielen Jahren? Doch sie schien mich nicht zu hören.

Eltern mit Kind

Zugleich mit dem eineinhalbjährigen Kind, das lacht, herumläuft, in seiner eigenen Sprache singt, mit zwei Fingern im Mund einschläft, das sie anschaut und sich von ihnen angeschaut weiß, sehen sie den Fötus auf dem Ultraschallbild, das seltsam neugierige Neugeborene auf dem Arm des Vaters, das Schulkind, die Frau, die sie einmal sein wird und von der sie nichts wissen und von einem bestimmten nicht allzu fernen Punkt an auch niemals etwas wissen werden. Sie vertrauen dieser Frau, bis in ihr höchstes Alter hin. Sie schaut sie an, diese Frau. Das Kind (diese Frau) schaut die Eltern an, als wären sie seine Kinder, und dass sie in der Zeit leben, ist ein Spleen, den sie sich verzeihen, es ist ein Spleen, den sie ihnen verzeihen wird.

Das Ende eins (Unmotivierter Tod)

Er starb, und aus Mangel an Vorstellungskraft ließ er es geschehen.

Das Ende zwei (Eine befriedigende Wendung)

Er stirbt also, nun gut, obwohl er die Hauptfigur war und Hauptfiguren niemals mittendrin sterben dürfen.
In diesem Moment ist eine Art von Glück da, ein rein körperliches Glück vor der Unverständlichkeit der Welt.
Und jetzt, in deinem Glück, hast du verstanden. Du Baum, du Vogel, du Buch, du Dings.

Wir wissen wenig über ihn. Obwohl er die Hauptfigur war.

Das Ende drei (Totenwache)

Wie die Statuen standen wir im Zimmer herum, symmetrisch verteilt, manche von uns nackt, und warteten darauf, dass der Tote aufwachte. Er lag auf einer Pritsche, denen im Freibad nicht unähnlich, bis zum Hals zugedeckt, die Füße schauten unter der Decke hervor.

Trotzki, wie immer nackt, starrte auf den Toten. Ein Zittern, wie Meeresgekräusel, überlief ihre lichtglänzende Haut. Die Topfpflanzen sonderten eine Art von übelriechendem Kleister ab. Bald würde es so weit sein. Wir mussten nur auf Trotzkis bis zum Äußersten gespannte Blicke vertrauen, auf dieses Zittern, dieses beinahe krampfhafte Zittern.

Inhalt